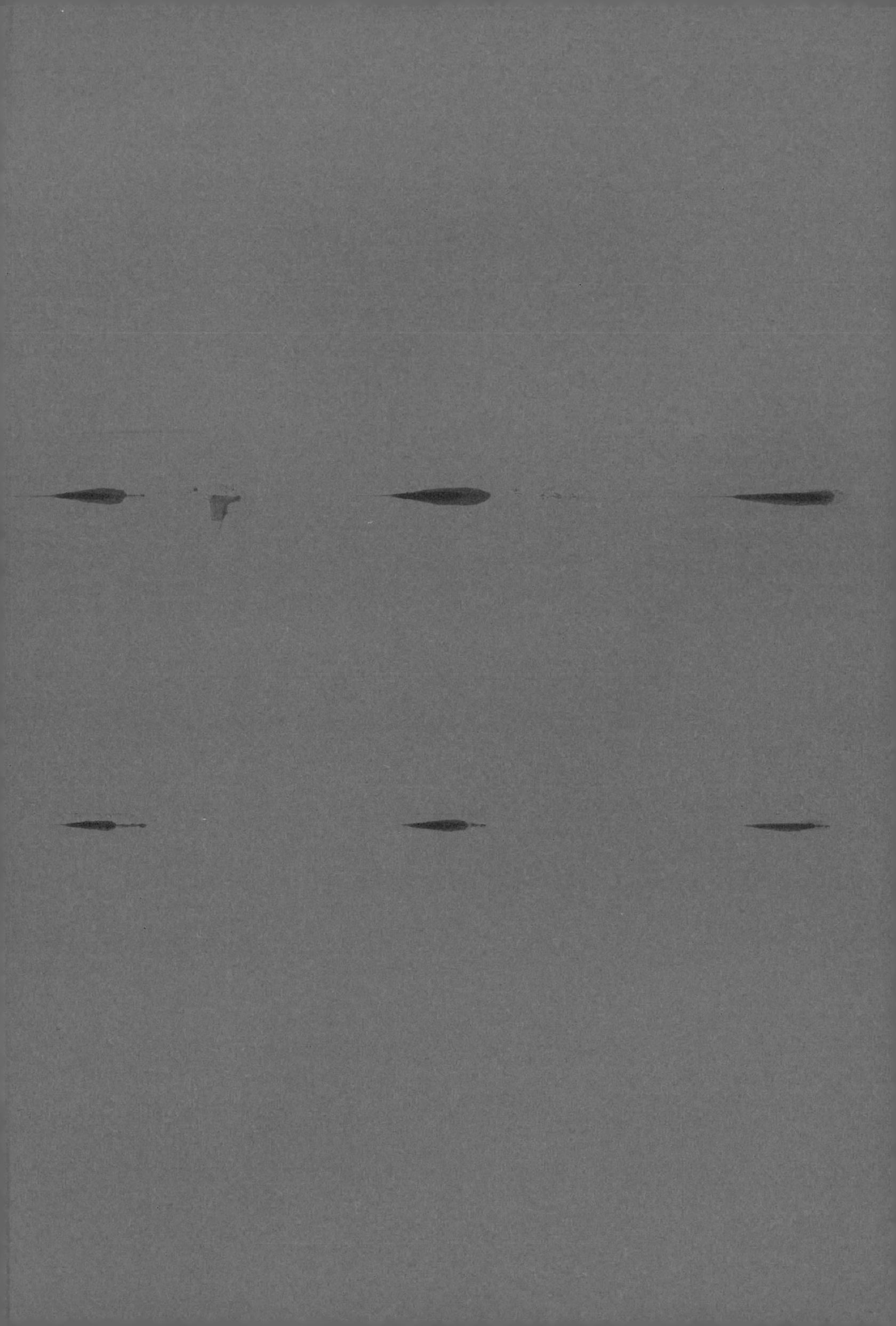

靈感鍛鍊

高效學習+海量輸出，創作者的觀察思考法

佐渡島庸平——著

林潔珏——譯

推薦序

在一秒鐘的火花裡看見未來——華語首席故事教練／許榮哲

因為職業的關係，我比一般人更需要靈感。所以只要看到相關的書，我都會立刻找來看。

在還沒看過《靈感鍛鍊》這本書之前，如果你問我「靈感是什麼」，我會告訴你，靈感就是「一秒鐘的火花」。

該如何迸出這一秒鐘的火花？

我的方法是利用兩顆石頭，一顆是「過去」的知識，一顆是「現在」的見聞，一手一顆，抓起來用力一撞，一秒鐘的火花就這樣迸發出來了。

隨後就是抓緊機會，在這一秒鐘的火花裡看見「未來」。

用一句簡單的話說完，就是利用「現在」撞擊「過去」，產生「未來」。

舉個例子：擁有「過去」（發明了微積分）的牛頓就是觀察到「現在」（蘋果從樹上掉下來），因而迸發一秒鐘的火花，才產生了「未來」

（萬有引力定律）。

過去儲存在你的腦海，未來還沒發生，所以關於靈感，最重要的關鍵就是「現在」。

然而……你看得見「現在」嗎？

這聽起來像一句廢話，誰看不見「現在」？

不爭論，先讓我說個「誰是凱撒」的故事。

貨船上，一名叫「凱撒」的惡魔殺光了船上所有人，並放火燒了貨船，最後只留下兩名倖存者。

一個是渾身被大火燒傷，語言又不通的匈牙利人。

另一個是看起來弱不禁風，而且還不良於行的跛子。

警探兵分兩路，對兩名倖存者展開調查。

第一個倖存者比較麻煩，因為語言不通，又受重傷，所以只能請畫家，慢慢拼湊他在船上看到的殺人兇手「凱撒」。

第二個倖存者，跛子則是把他所知道的來龍去脈，一五一十告訴警探。

跛子說完故事之後，警探一口咬定凱撒就是其中一名前科累累的嫌疑犯。

跛子一開始還不相信，但最後被警探的推論說服了。

隨後，知無不言的跛子保釋獲准，被警方放走了。

自以為找出「誰是凱撒」的警探得意洋洋的邊喝咖啡，邊看著牆上的布告欄，上面貼滿了一狗票嫌疑犯的資料。突然，一個又一個名字跳了出來，剛才跛子故事裡的人名，諸多細節，全、都、在、牆、上。

意思就是——警探問案的當下，跛子一邊看著布告欄，一邊即興編起了故事。

警探一驚，手中的咖啡杯掉落，沒想到杯底的文字符號，也出現在跛子的故事裡。

同一時間，從另一名倖存者那兒拼湊出來的兇手相貌，正透過傳真機傳了過來，正是即興編故事的跛子，他就是殺人魔王凱撒。

故事最後，跛子走出警局，原本一跛一跛的腳，走著、走著，變成了正常人。

「誰是凱撒」的故事，出自電影《刺激驚爆點》（The Usual Suspects），它是懸疑電影裡的神作，影響了後來非常多同類型的電影。

察覺到了嗎？「現在」就藏在觀察裡。

《靈感鍛鍊》開宗明義就提到，我們與牛頓這種神人的差別，就在於「觀察力」，牛頓把他的觀察力化為靈感，而我們連中午吃了什麼都不記得，遑論食物裡藏了什麼魔鬼的細節。

人人都活在「現在」，但卻只有極少數人看得見，關鍵在於「觀察力」。

因此翻閱《靈感鍛鍊》一書時，我腦子裡一直跑出《刺激驚爆點》這部電影的情節，兇手為何能脫困？

表面上是兇手很會說故事，但認真追究，其實是他擅於觀察。

觀察分兩種，一是看得見的觀察，二是看不見的觀察。

兇手利用眼前布告欄裡的犯罪資料，即興編起了故事。

有這等功力，已經是說故事的高手了，但還不夠，一不小心就會露餡。

兇手真正厲害的地方是——他同時擁有「看不見的觀察」。

從警探的問話裡，兇手察覺到警探先入為主，認定某某嫌疑犯就是殺人魔王。因此編故事時，兇手一而再再而三的把魔王的帽子往某某嫌疑犯頭上戴。

因此當警探聽完兇手編出來的故事之後，更堅定了他的先入為主。警探一口咬定某某嫌疑犯就是殺人魔王凱撒時，真正的兇手還一把眼淚一把鼻涕，假惺惺的說不敢置信。

現在讓我們再問一次最初的問題：你看得見「現在」嗎？

現在就在每個人的眼前，如果你不觀察它，它就只是存在，與你無關的存在。一旦你開始觀察它，它就會變成你的打火石，握在手上的打火石。像牛頓那樣、像凱撒那樣。

意思就是——沒有觀察能力的人，就無法跟過去碰撞出美麗的火花。沒有這一秒的火花，就沒有走向未來的靈感。

《靈感鍛鍊》以觀察為起點，一路從看得見的觀察，到最後看不見的觀察，它領著我們一步一步朝牛頓這樣的神人靠近過去。

前言

從很久以前，我就常常在想像，過去兩千年間，擁有和我幾乎相同能力的人們。

我能像他們一樣，蓋出金字塔嗎？

我能像他們一樣，發現地動說嗎？

我能像他們一樣，制定一年三百六十五天的曆法嗎？

我能像他們一樣，量測、製作日本地圖嗎？

可惜，不論是哪一種成就，我都做不到。在人們完成這些壯舉的時代，既沒有網路，也無法用 Google 搜尋。然而我就算使用了網路這個武器，也沒辦法完成像他們一樣的豐功偉業。我和這些人到底哪裡不一樣，為什麼會有如此遙遠的距離？這偌大的鴻溝，讓我感到頭暈目眩。

西元一六五五年，在黑死病的威脅下，艾薩克・牛頓離開倫敦，移居到故鄉英格蘭東部的伍爾索普。在移居後僅僅十八個月，他就有了重大發現：思考出微積分的基礎，並提出「萬有引力定律」的概念。另一方面，我因為新冠疫情的關係，離開東京搬到福岡。移居之後的我，唯一的改變就是拚命地在美食網站尋找好吃的店家而已。

同樣是移居，為什麼兩者的影響有天壤之別？說真的，把自己和牛頓相提並論的想法是太自大了些，但我與牛頓之間的決定性差異到底在哪裡？歸根究底，一樣都是人類，我認為自己與牛頓在「觀察力」上失之毫釐，產生的結果就差之千里。

我在二〇一五年出版了《我們用「假設」創造世界》[1]一書，書中描寫的假設，幾乎都沒有實現，背後的原因除了假設和佐證不夠充分之外，我想最大的要因還是「觀察力」不足吧。據說牛頓是在觀察蘋果樹之後，發現了「萬有引力定律」。從「蘋果從樹上掉下來」就能聯想到「萬有引力定律」，對一般人來說是完全難以想像的跳躍思考，因此也有不少人認為這只是後人編造的故事罷了，但我卻不認為這是旁人杜撰的，「為什麼蘋果會從樹上掉下來？」可以將這個再平凡也不過的疑問，引導至世紀大發現，需要的不就是觀察力嗎？

我所從事的編輯工作，是發掘、並且培育創作者的靈感及創作能量。因而常常有人問我「作為一個好的創作者，需要的條件是什麼？」每當碰到這個問題我都會回答是「觀察力」。人生久長，如果從外界吸收養分的能力優良，自然能積累豐厚的創作成果；想在生活中提高吸收養分的資質，需要的是「觀察力」。

但要自問什麼是觀察力？我卻無法提供明確答案。我只能講出「透過仔細審視，從中獲得靈感，進而思考」這種模糊不清的答案，更別說要做哪些事能鍛鍊觀察力了。在我的工作中，為了追求創作成果，最需要的就是觀察力，然而我竟然不知道該如何鍛鍊，於是我開始思索觀察到底是什麼。

「觀察」一詞，原為佛教用語，同時科學也是一部觀察史，還有哲學家們也持續針對觀察做出提問與討論。本書沒有對觀察的歷史沿革做精細地推敲琢磨，而是我為了與創作者們產出更好的作品，不斷思索在創作時必須具備的觀察到底是什麼，最後所總結出的看法。因為不是建立在特定體系上的立論，對於想知道學術理論上如何觀察的讀者來說，或許有所不足；然而對於只是想鍛鍊觀察力的人來說，這些結論應該可以作為參考。

為了培養看到蘋果掉下來，進而發現引力的觀察力，就讓我們開始一趟觀察之旅吧。

1 作者：佐渡島庸平。出版社：核果文化事業有限公司。

靈感鍛鍊 目錄

CHAPTER

觀察如何被扭曲
八種妨礙觀察的認知偏見

CHAPTER

看不見的事物也要一併觀察 感受的分類與人際關係

CHAPTER

與未知共存 放棄追求正解，保留判斷

CHAPTER

什麼是觀察力？來一趟觀察之旅吧！

「觀察力」是學習的第一塊骨牌

因為人的壽命有限，能夠學會的東西也有限，學什麼才能帶來長期而廣泛的影響？怎樣的能力能夠成為第一塊骨牌，對後續學習產生連鎖效應呢？

在我編輯的《東大特訓班》[2]這本描繪應考的漫畫中，為了成功考上東大，故事裡主張的第一塊骨牌，是計算能力與解讀能力這兩項基礎學力。至於在思考什麼能力對創作或經營企業有幫助時，我直覺想到的答案則是「觀察力」。在鍛鍊觀察力的同時，必然能夠練就其他能力，如果只做其他能力的鍛鍊，觀察力成長應該會很緩慢吧。因此，我想**唯有觀察力才能作為學習的第一塊骨牌**。

若要鍛鍊觀察力，具體該從什麼地方著手才好呢？我採取的第一個行動是翻字典查閱字義，在日文中，與「看（みる）」這個動作有關的漢字，算起來就有十八個：見、眄、看、視、診、督、察、睹、監、覽、瞥、瞰、靚、矚、覩、瞿、瞻、覿。其中經常使用的有「見」「覩」「視」「診」「看」「覽」這六個，搭配「察」這個漢字，就成了「視察」、「診察」這些常用詞彙。不過我想就算是鍛鍊「視察力」或「診察力」，似乎也無法成為可以應用的能力，還是專注於「觀察力」就好。

為了理解「觀察」這個抽象概念，我繼續探索詞語背後的意義，字典是這麼解釋觀察的：「客觀謹慎地審視事物的狀態與變化，有系統性地充分理解該事物。」把字典的解釋拆成上下句開來看，「客觀」與「謹慎」二詞，我想是為了賦予「觀察」這個詞更清晰的特徵；而後半段的「有系統性地充分理解該事物」則是構成這個詞語的另一個要件。若將「客觀」改換成「主觀」，就不是「觀察」，如此一來會變成哪個詞呢？

我想會是「感想」吧。若將「謹慎」改換成「全面」，是不是就會變成「視察」呢？

如果是這樣的話，**觀察力可說是把「客觀謹慎的審視技術」和從中所獲得的東西「有系統性充分理解的技術」**的組合。將這兩個元素分開來看，就能獲得更進一步的理解，從而找到鍛鍊觀察力的方法。本書把重點放在「客觀謹慎地審視事物的技術」，當然如果要更進階學習「如何有系統性地充分理解事物」是再好也不過了，雖然我在撰寫此書也曾想過針對進階的部分再做闡述，可惜這就涉及不同專業，我目前力有未逮。

為了思考鍛鍊觀察力的方式，我還做了一件事，是觀察漫畫家羽鶴翔一。為了理解「觀察」，我「觀察」了羽賀翔一的成長。

一般來說，漫畫家多半在家或工作室工作，與編輯之間的溝通頻率，約每週一、二次，每月僅數次而已。其間或許會穿插一些被稱為分鏡的草稿或原稿等共通話題來進行討論。而軟木塞[3]在創業之初，決定和新進漫畫家羽賀翔一合作，支持他成長。與連載漫畫家的合作形式不同，公司除了給予固定的薪水讓他維持生計外，還要求他每天都要進辦公室上班。也因此，我能觀察他每天的變化，並且從中提出「什麼是創作者不可或缺的資質」等眾多假設。我的直覺告訴我羽賀翔一的觀察力有所進展，是因為公司規定他每天都要畫一頁漫畫。

左頁的漫畫出自羽賀翔一剛出道的作品〈小老千〉，耿直的少年因為被取了一個奇怪的綽號，使得圍繞在他身邊的氛圍產生180度的轉變。明明沒有使壞耍詐，卻被叫成耍詐的小老千。從他畫出這樣的漫畫開始，羽賀翔一和我便開啟了挑戰之路。坦白說，他當時的漫畫不算高明，但是從他描繪表情的方式，可以看出他具備漫畫家不可或缺的觀察力，我想只要加以鍛鍊，就可以看到他的改變。

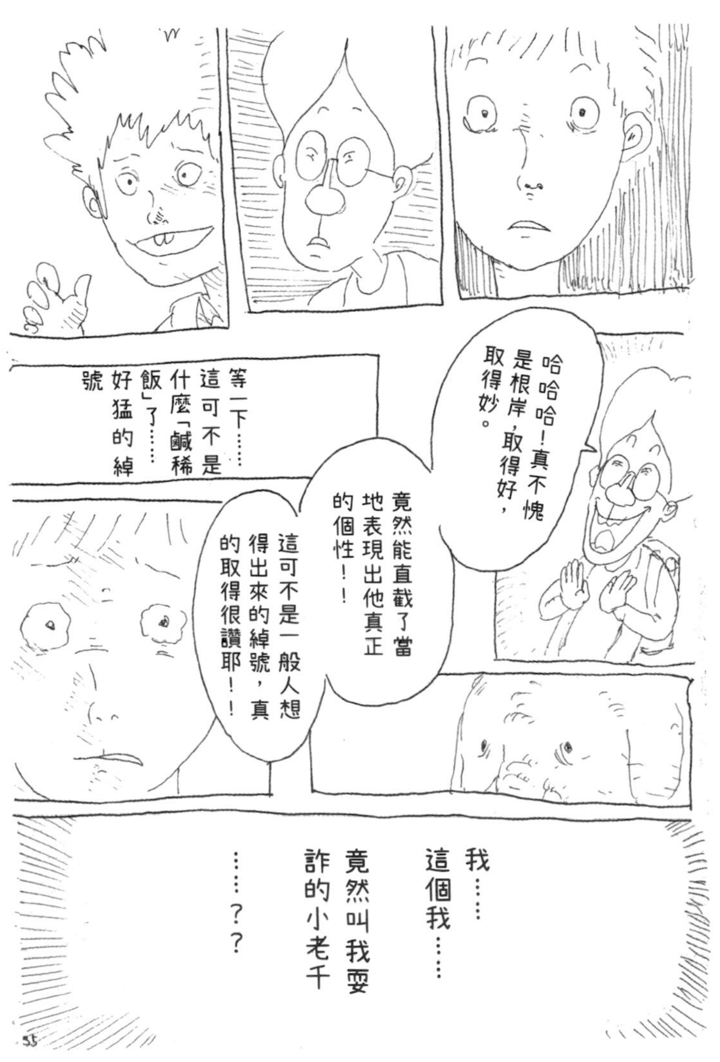
哈哈哈！真不愧是根岸，取得好，取得妙。
等一下……這可不是什麼「鹹稀飯」了……好猛的綽號
竟然能直截了當地表現出他真正的個性！！
這可不是一般人想得出來的綽號，真的取得很讚耶！！
我……這個我……竟然叫我耍詐的小老千……？？

要提升他的觀察力，我認為他需要改變觀察的對象，所以我出了一道課題：每天畫一頁觀察軟木塞員工的漫畫。這個作業最後還彙整成《今日的軟木塞》[4]這本電子書。我將漫畫內容放在左頁，請各位比較看看兩部繪畫的功力。之後，經過幾番迂迴曲折，羽賀翔一還創作出《你想活出怎樣的人生》[5]這部極為成功的漫畫作品，自此以後他的課題就變成如何應用觀察力所掌握的靈感，不斷推出讓世間興奮的作品。

把好的題材交給觀察力出色的作家，故事就會自行展開。「每天把半徑五公尺以內發生的事畫成一頁漫畫」，為什麼這麼簡單的題目，就能鍛鍊出漫畫創作所需的觀察力？藉由解析羽賀翔一的觀察力如何增長，能幫助讀者瞭解如何鍛鍊觀察力。

為了撰寫本書，我花了將近兩年思考觀察到底是什麼，終於總結出

今天的軟木塞
#84
作 羽賀翔一
柿內先生認為「跟豆沙包相似的東西」
豆大福？
鯛魚燒？
饅頭？
到底還有哪些呢……
今天公司裡洋溢著一片猜謎的氛圍……
大家……
太拘泥於內餡了……
……
……咦？
豆沙包會放在便利商店櫃檯的旁邊……
說到在這區域裡面次於豆沙包的東西應該是……
？
炸雞吧…
咦!?
不可能有正解……!!

自己對觀察的假設。首先，要與各位分享現階段我對於觀察的理解：

「好的觀察」是針對某項事物提出假設，並予以客觀地審視，若發現假設與該事物的狀態發生分歧，則修改、更新假設。另一方面，「不好的觀察」則是感覺不到假設與事物的狀態有何差別，自認已經了解該事物，因而停止修改或更新假設。

透過觀察所產生的疑問與假設會無限循環，因為循環的內容非常有趣，所以可以成為漫畫或是其他形式創作的靈感來源。如果是「觀測」，目的只是單純的量測事物；「觀察」則不同，因為有了發現而「提問」，所以除了量測事物外，還會有「尋求解答」的動機。

前些日子我和羽賀翔一與其他工作室所屬的漫畫家們集訓，羽賀翔一把當時的回顧畫成漫畫，很巧的是和這本書想要傳達的理念一致，我和羽賀翔一的思考相互呼應，因此我也將漫畫內容附上。漫畫中登場的人物柿內是軟木塞以前的員工，也是羽賀的負責人。

2 作者：三田紀房。出版社：台灣東販。

3 本書作者佐渡島庸平創立的軟木塞，為作家的經紀公司，負責《宇宙兄弟》、《投資者Z》、《十稜鏡》、《修羅之都》、《小不點》、《日間演奏會散場時》、《本心》等書編輯。

4 本書無繁體中文版。日文書名：今日のコルク。作者：羽賀翔一。出版社：コルク。

5 本書無繁體中文版。日文書名：漫画　君たちはどう生きるか。作者：羽賀翔一。出版社：マガジンハウス。

很久很久以前在某個地方
總是忘記拉拉鍊
有一位沒沒無聞的漫畫家……

再給我好好的觀察！！
把今天的軟木塞給我畫出來！！

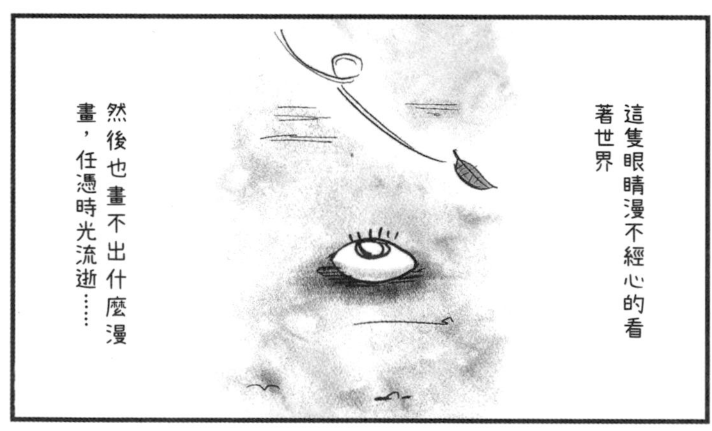
這隻眼睛漫不經心的看著世界
然後也畫不出什麼漫畫，任憑時光流逝……

〈觀察之眼〉 羽賀翔一

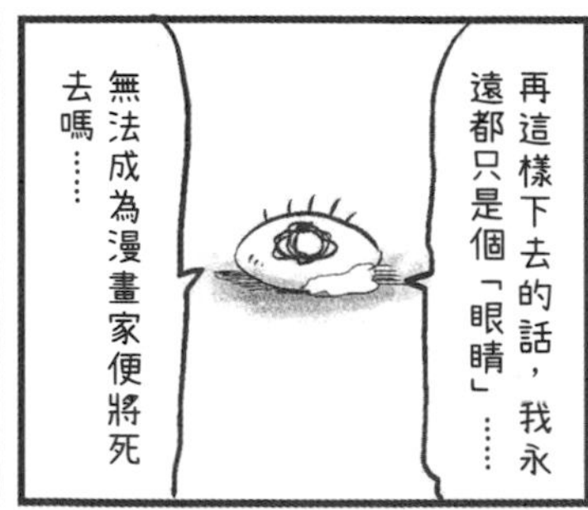
再這樣下去的話，我永遠都只是個「眼睛」……
無法成為漫畫家便將死去嗎……

TAXI
在這樣的某一天

眼睛有了變化
……

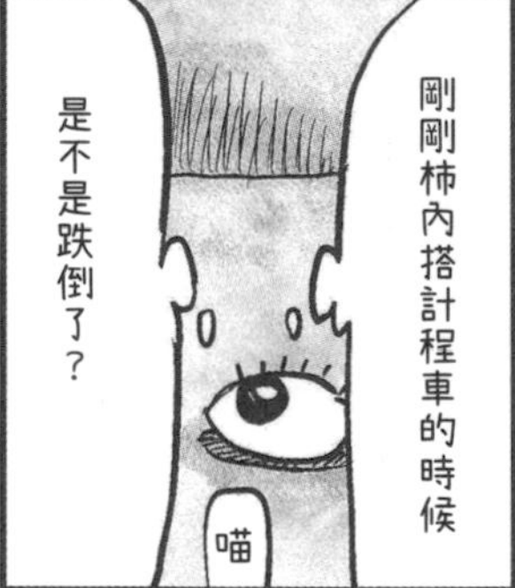
剛剛柿內搭計程車的時候
是不是跌倒了？
喵

……
不過……或許……

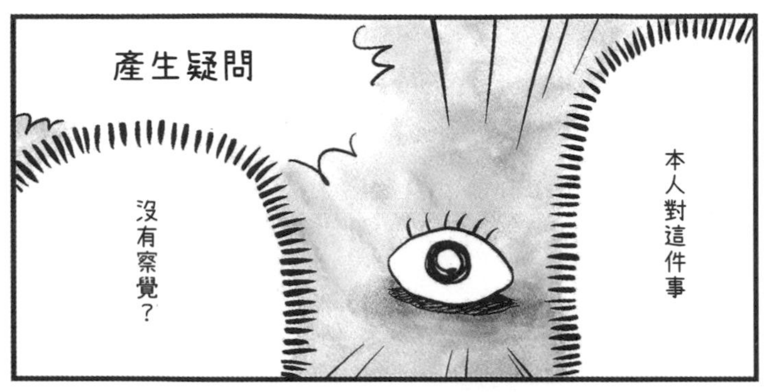
產生疑問
本人對這件事
沒有察覺？

就在此刻……
伸

眼睛長出了嘴巴和四肢
……

柿內先生剛剛怎麼跌倒了……？
？
咦？我沒有跌倒啊……

哇！！果真不出我所料！
靈光乍現！！

搞不好每次都是這樣……
持續產生
疑問

啊，又要搭計程車了……
我也要一起搭
之後這隻「眼睛」……
噠噠噠

抱著假設
跑來跑去

ごろ
ごろ
ごろ
ごろ
ごろ
哇　果真每次都這樣

除了計程車以外，應該也有其他柿內先生獨有的特色
假設光波！！
跟豆沙包相似的是全家的炸雞……
發現沖擊

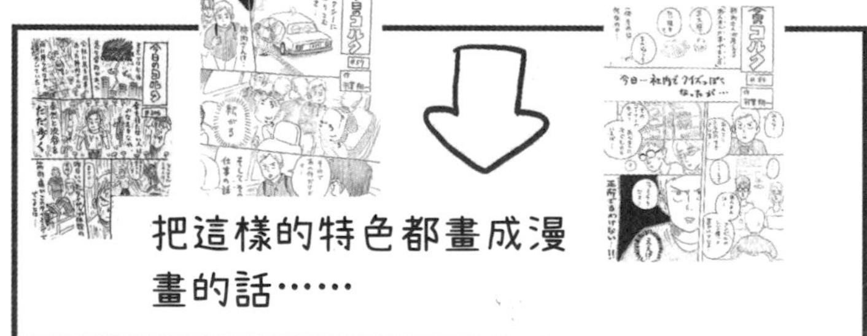
把這樣的特色都畫成漫畫的話……

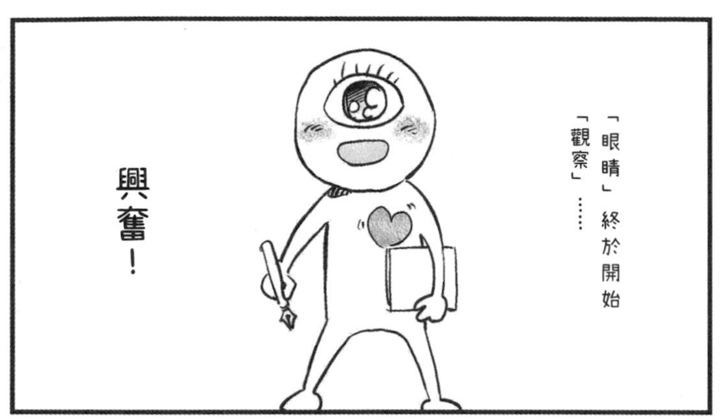
「眼睛」終於開始「觀察」……
興奮！

羽賀畫的阿柿（柿內先生）
比阿柿本人更有栩栩如生耶
！！

更深入了解自己的能力……！
這麼說來我可以把活生生的性格畫出來耶……
藉由漫畫，我竟然可以做到這樣的事情……！！

找出阻礙觀察的事物，從避開劣質觀察開始

在出社會以前，我認為想要成功，只擊出安打是不夠的，擊出全壘打是必要條件。所以我不斷地思考，該怎樣才能發揮120%的力量，讓球飛越全壘打牆。想要製作成功的作品，就需要一些特別的元素；要成功經營軟木塞，就必須思考出新的事業模型。

但現在的我，卻抱持著完全相反的想法：該怎麼樣才能處於「普通」的狀態？如果能一直保持在「普通」的狀態下，遇到運氣好的時候，就能完成一些特別的事情進而獲得成功。然而，持續保持「普通」是相當困難的。在每天的生活中，我深切感受到：要讓理所當然的事，理所當然地維持下去並不容易。

我將同樣的道理，套用在思考「觀察」上：不需要全壘打，只要考慮如何維持「普通」，最後就能獲得答案。

我對於「提升觀察力」的思索，最初採取的行動是查詢「觀察」一詞的意義，並進一步調查語源，並比較與其他詞彙的差異。下一步則是思考「無效的觀察是什麼」，若能避免負面結果，就至少能達成普通的狀態，比起發揮120％的力量，是更容易實現的目標。**若是執著於「該怎麼做才是傑出的觀察」，很容易變成畫餅充飢，反而會想出華而不實、派不上實際用場的想法**。

那麼，劣質的觀察是如何形成的？各位可以思考什麼事物會阻礙觀察，造成我們無法觀察？**若能避開無效觀察，持續練習下去，在運氣好的時刻就能夠做出優質觀察**。只要持續避開最差的狀態，就能存活下去，就有挑戰的機會。在《東大特訓班2》[6]中的櫻木，主張「不拼命，不可以拼命」，而我也開始實踐這種思考方法。

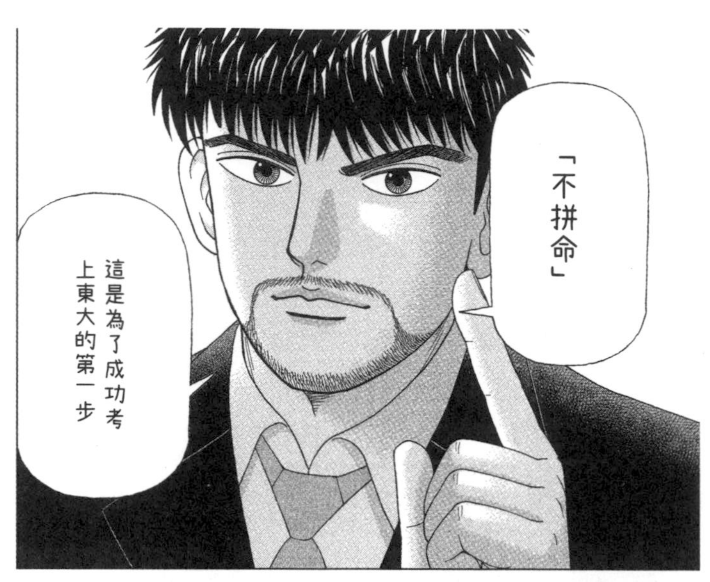
「不拼命」
這是為了成功考上東大的第一步

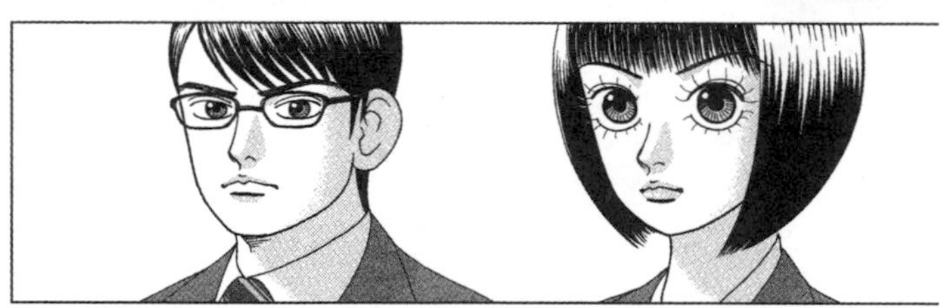

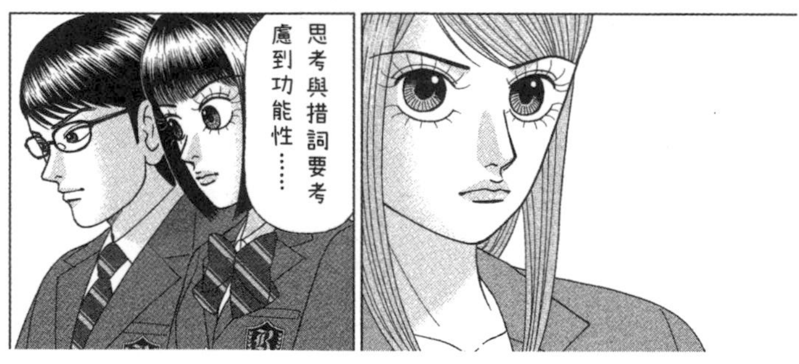
思考與措詞要考慮到功能性……

《東大特訓班 2》第 1 卷 第 7 堂

阻礙觀察的要素1：認知偏見

接著要介紹阻礙觀察的三個主要因素，如果能夠避開這三個因素，就不容易產生劣質觀察。

說到「阻礙觀察的事物」，或許會先想到外部影響，但我認為幾乎所有阻礙觀察的事物都是由自己本身造成的。愛因斯坦有句名言「所謂的常識，就是人到十八歲為止所累積的各種偏見。」如同話中所提到的，「常識、偏見」正是阻礙觀察的代表性因素。

我們在觀察事物時，不是用眼睛，而是用腦在觀察。大腦會先決定要看什麼，再透過追蹤、辨認的方式來觀察大腦想看的東西。最近的腦科學研究中也提到，在我們的認知中，來自視覺的情報僅占了10%。而「文字、信念」這些型塑思考內容的元素，是促進觀察的工具，卻同時也是阻礙觀察的可能原因。

《我的妻子與我的岳母》：可以同時看到年輕婦人與老奶奶的視錯圖畫作。

常識、偏見、文字、信念……都與大腦對資訊的認知有關，而這些認知的偏誤既能成為障礙也能成為武器。我們對事物的看法會根據腦中的認知而改變，而且很難恢復原狀，《我的妻子與我的岳母》[7]這幅畫就經常被拿來作為範例。

除了上述的畫以外，在日常生活中的許多情境，也會發生認知阻撓觀察的狀況。像是找東西時，明明就在身邊卻一直沒看到，相信大家都有過這種經驗。這是受到腦中「物品不在這裡」的既定認知而阻礙觀察。

即使是「看彩虹顏色」這樣單純的行為，在日本和東南亞的結果也不一樣。因為在各國表達顏色的說法與數目不同之故，日本人可以找出七個顏色，而據說印尼人是四色。也就是說，觀察所得出的結論其實是源於腦中的對色彩認定的知識。

認知的影響範圍同時也囊括抽象概念。在平野啓一郎的小說《日間演奏會散場時》[8]裡有這樣的說法：「人們總以為能夠改變的只有未來。但實際上，未來經常能夠改變過去。過去不僅會被改變，也會自行產生變化，過去不就是如此纖細敏感嗎？」

在未來時空獲得新的資訊後，認知會隨之改變，而過去對自己的意義也會隨著認知產生變化。過去並不是無法變更的事實累積，過往經驗對自己的意義，會因為現在的觀察而持續更新。

回過頭來，「認知」具體的定義又是什麼？字典這麼寫：「心理學用語，人類在察覺存在於外界的對象之後，判斷、解釋該對象的過程。」與「觀察」相似，也與「意識」同義。若將「認知」替換成「意識」比較易懂的話，用意識解釋也可以。

觀察會改變大腦中的認知（意識），與此同時，認知也會對觀察方式產生影響。因此，觀察與認知就像雞與蛋的關係，很難明確回答哪一項的影響在先，但是根據腦中的認知，觀察若受到阻礙，就會形成劣質觀察，導致認知很難被更新。雖然認知與觀察的關係是無限地反覆循環，但在這裡我假設先有認知，再來考量觀察。

如果先有認知，再有觀察的話，那麼未經思考的行動便是被腦中既有認知所驅使的「自動駕駛」行為。**為了盡可能避免「自動駕駛」而形成被認知驅使的狀態，我認為「建立假設」是有效的解法。**將假設化為語言建立在腦中後，多少能避免被原有認知所遮蔽。「阻礙觀察」的事物，其實與「讓自己曲解假設」的事物是相通的。

我非常喜愛虛構作品，其中一個理由是：一旦讀者腦中的認知狀態發生改變，故事帶給讀者的意義就會完全不同。在我編輯的《宇宙兄弟》[9]這部漫畫中，南波六太的弟弟日日人是JAXA史上最年輕的太空人，故事中有個從月球回到地球的場面。

第一次看這幕的時候，感覺是結束在月球的長期任務，樹立首位日本人在月球漫步的紀錄，滿心雀躍回歸地球的場面。但是讀者卻發現日日人恐慌症發作。

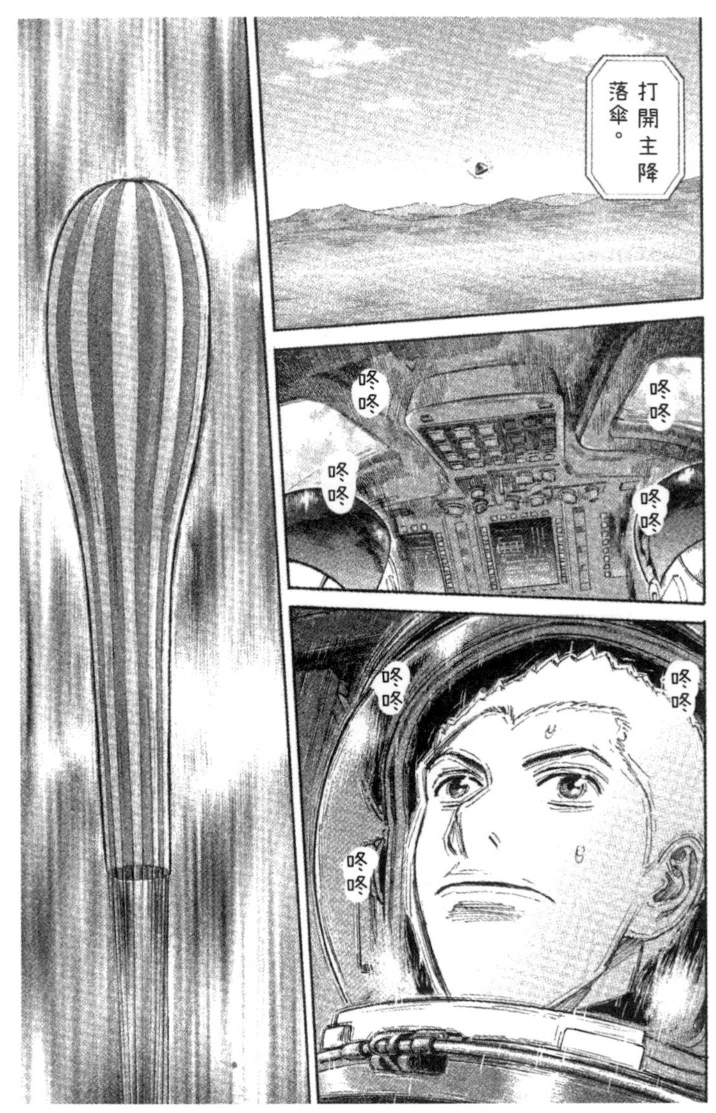

《宇宙兄弟》第 12 卷

知道日日人恐慌症發作的事實後，再重新回顧這個場面，可以觀察到日日人在雀躍當中還壓抑著不安的表情。作者小山宙哉用汗水和眼睛的表情，展現日日人雀躍與不安的兩種感情。

村上春樹的《聽風的歌》[10]也給我同樣的感受，重新看過，會浮現迥然不同的風景。第一次看的時候，覺得是回顧大學時光的青春小說，在流行小說的氛圍中，輕描淡寫地敘述女學生的自殺。

> 第三個（曾經交往過的）對象，是在大學的圖書館裡認識的法文系女學生，不過她在第二年春假，在網球場旁貧瘠的雜木林上吊死了。屍體直到新學期開始之後才被發現，足足吊著被風吹了兩星期。
>
> ——村上春樹《聽風的歌》

第一次閱讀到這段話時，雖然會意識到故事中的自殺情節，卻不會留下深刻的記憶。再看第二次時，自殺事件在沒被談論的狀況下，時光就這麼靜靜地過了十年，會開始意識到有刻意假裝開朗將當時的事情寫下來。之前感覺到很青春流行的氛圍，開始流露出勉強被擠出的苦悶，如此一來就沒辦法淡定讀下去，我的感受開始動搖。

在閱讀故事時，很容易感受到認知改變後，對書中世界的看法發生改變。但在現實生活中，要做到能改變自己對世界的看法這種程度的認知更新，並不容易。因為想要多加體驗故事中發生的認知更新，我才開始對「觀察」產生興趣。並不是因為觀察，所以對世界的看法發生改變，而是藉由認知改變，對世界的看法隨之發生改變。

我們腦中既存的認知會阻礙觀察，而無效觀察源於既存的認知完全不被更新，也就是以已經知道的事情為前提來觀看的狀態，而優秀的觀察則可以讓原有的認知產生動搖。

阻礙觀察的要素2：身體、情緒

下一個會阻礙觀察的事物是「身體及情緒」。因為我們是透過身體以及五感來進行觀察的，所以身體的狀態會大大左右觀察的品質。

就像我們對過往記憶的解讀，不見得與事實100%相符，觀察的結果也並非總是相同，而是會因為觀察者的狀態而產生很大的變化。例如在筋疲力盡與精神滿滿兩種不同狀況下，就算看同樣的東西，觀察的品質也會大不相同；同樣地，心情煩躁時和心情愉悅時，觀察的品質也會有巨大差異。不過就像我們很難發現大腦認知會大幅影響思考一樣，情緒所造成的影響也難以察覺。

我們的情緒是為什麼而存在呢？在日常生活中，有些事如果用邏輯思考會來不及反應，就像有人對你說了失禮的話，你應該不需要經過縝密思考後才「決定要不要生氣」吧？此時我們通常會馬上判斷並做出反應。**情緒是為了縮短反應時間而使用的，也可以說是讓思考快速奔馳的工具。**

我想到一個情境可以用來比喻情緒的作用。如果在某個病房中，讓被實驗的病人們吃興奮劑，在這群病人中放入一位「生氣的病人」，如此一來，這個病房會有怎樣的氣氛？「像這樣讓人久等的醫院真是糟糕」，其他病患可能也會跟著生氣。相反地，若是放入一位「心情很好的病人」，結果大概會是「這家醫院看病看得真仔細啊，真是太感激了！」，整體氛圍就會充滿感謝。明明醫院的服務都是相同的，但在不同的狀況下有人會生氣、有人則會感到高興，人的情緒就是有如此巨大的影響力。

因為我們常常透過「情緒」這個濾鏡來觀察周遭，所以必須相當注意自己如何使用情緒，因為自己的情緒有時只是被周圍氣氛所挑起。**人**

們總是認為生氣的時候，是因為有對象惹自己生氣，事實上並非總是如此，有時候人們是在尋找可以生氣的對象來發洩情緒，原因和結果與我們的習慣認知是相反的。因為情緒有時會阻礙觀察，如果能養成暫停思考、嘗試抱著不同的情緒來看待對象的習慣，就會對觀察大有幫助。

根據預防醫學研究家石川善樹的說法，「憤怒」是當重要的事物遭受威脅時，讓我們把注意力聚焦在這件事的手段。當自己的價值觀被否定時，也容易產生憤怒感。此外，在「悲傷」或「失去」的狀態下，也可能引發憤怒的感受。

因為人的情緒非常多樣，不同的情緒又會改變我們觀察時所注意的重點。光是了解這個邏輯，就能利用情緒來做更多觀察練習。（針對情緒的觀察練習，在第 4 章會有更詳盡的說明。）

阻礙觀察的要素 3：前後關係

人腦在思考時有個特色，是在關注某件事情時，注意力會完全聚焦在這項事情上，也就是注意的範圍變得集中且狹窄。因此人類在思考時很難同時關注「時間」與「空間」。

舉例來說，若看到有人「衣著邋遢」時，如果周遭的人也都穿得很輕鬆，反而可說是配合時間、地方、場合「恰到好處的裝扮」。觀察範圍不僅是「衣著」本身，同時也考慮服裝與周遭空間的關係，才能做正確的判斷。如果只將焦點集中在此人身上，會看不到周圍的情報，「果真是個邋遢的人」做出這樣的觀察結論只是再度強化腦中原有的認知。

將「時間」列入考量的因素，也是相同道理。即使對方穿得很邋遢，但如果知道他是「在幾分鐘前，和小孩子在公園玩，急急忙忙趕過來」，理所當然不可能穿著套裝。看到對方急著趕過來的事實，你會認為他是真誠的人，還是只憑衣著認為他是個邋遢的人呢？

知道過去發生過的事，情報傳達的意義就會完全改變。我們常常只依靠瞬間獲得的資訊下判斷，而沒意識到時間軸前後發生的事件，只觀察對象本身，會導致錯誤的觀察。唯有同時觀察時間、空間的前後關係，才能蒐集到更全面的資訊。

在軟木塞訓練漫畫專科擔任講師的作家山田月（Zoonie），曾在著作中舉過一個相當好懂的例子，可以具體說明前後關係對觀察的影響：

終於和宇宙接觸《日本經濟新聞》

終於和宇宙接觸《東京體育》

——山田月《為什麼你說的話讓人聽不懂》11

即使是同樣的一句話，因為刊登在不同媒體上，會帶給讀者完全不同的意義。如果這句話本身帶有足夠資訊量的話，不論是刊載在哪個媒體上，帶給讀者的意義應該都一樣。但只提供「終於和宇宙接觸」這樣一句話，提供的資訊量太少，反而是結合由哪家媒體報導的背景，才讓這句話產生意義。

如果要鍛鍊觀察力，提升看世界的解晰度，就不能只單單注意觀察對象，而要將前後關係一併納入觀察範圍才行。如果沒有思考前後關係的習慣，不論觀察什麼對象都很容易忽視相關的重要資訊。

在談論到劣質觀察時，**只要能意識到以上介紹的三個要素：認知偏見（＝大腦）、身體與情緒（＝感覺器官）、前後關係（＝時間空間）所引起的干擾，觀察的精確程度就能明顯提升。**

我把上述的三要素稱為「眼鏡」。人人都戴著自己獨特的眼鏡觀看世界，很多人深信「自己沒有戴眼鏡」「自己知道如何拿掉眼鏡、正確地觀看世界」。然而，我卻認為人類不可能拿掉眼鏡，所以希望各位能夠好好理解自己戴的眼鏡，就能利用自己的眼鏡促進理解及觀察能力。這樣一來，就能把缺點轉為自己的獨特優點，眼鏡也能成為觀察的武器。

……………………

6 作者：三田紀房。出版社：台灣東販。

7 《My Wife and My Mother-in-Law》是由英國畫家William Ely Hill於一九一五年所創作的著名視錯圖畫作（optical illusion）。這幅畫作呈現了一位老婦人的側面輪廓，同時也描繪了一位年輕女性轉頭的背影。這幅畫作的神奇之處在於，觀者可以從不同的角度來解讀畫面，看到其中兩位女性中的任意一位。

8 作者：平也啓一郎。出版社：新經典文化。

9 作者：小山宙哉。出版社：尖端。

10 作者：村上春樹。出版社：時報出版。

11 本書無繁體中文版。日文書名：あなたの話はなぜ「通じない」のか。作者：山田ズーニー。出版社：筑摩書房。

可以是牢籠、卻也能作為武器的「眼鏡」

「自己被關在監獄裡。」在國、高中時代的我，一直有這種感覺。因為被自己戴著的眼鏡阻礙觀察，而無法正確的理解世界，也因此遭遇許多困難與失敗。不過隨著年紀漸長，我才發現只要改變想法，把自己關進監獄裡的那副眼鏡，也能當作武器使用。

認知偏見、情緒、集中思考……這些是人類在進化過程當中獲得的能力，在需要保護自己能夠瞬間產生反應的情境下，這些能力的確能幫助我們，但是想要靜下心來深入思考時，反而是阻礙思考的能力。我之所以覺得自己的身體和精神像「監獄」一般，不過是因為我無法運用自如。知道大腦、情緒與身體會干擾思想，導致凡事無法按照自己想法進行的話，只需要學習運用它們的方法即可。自從我如此看待以後，眼鏡便成了我的武器，讓我知道如何調整自己對世界的看法。

觀察力若經過鍛鍊，吸收進來的資訊品質也會提升。即使不特別努力，也能在日常生活中蒐集許多高品質的資訊。這些資訊經過長期積累，培養出的就是俗稱的「感性」。感性提升之後，接下來察覺新資訊的質與量又會再度提升。當然在這個過程中，輸出或創作的品質也會跟著提升。只要順利進入這個正向循環，自身的能力就會如同指數函數般大幅成長。

觀察力是讓各種能力連動增強的第一塊骨牌。只要好好鍛鍊觀察力，本來被認為是牢籠的身體，就能轉變為最強武器，只要喜歡自己的大腦、情緒、身體，它們就能成為自己的力量。

我大學的時候，讀過一首到現在仍深植我心的詩，是葡萄牙詩人費爾南多·佩索亞所作的〈逃亡者〉。為了親眼見到佩索亞曾看到的景色，我還特地去里斯本旅行。

我是逃亡者
出生之時
我就被鎖在自己的軀殼中
啊 但是我逃跑了

人會感覺厭倦
在同個地方
那樣的話同樣的事情
為什麼有時不會感到厭倦

我的靈魂在尋找自己
不斷的流浪徬徨
但願我的靈魂
不會和自己相遇

什麼是牢籠
自我並不存在
一邊逃亡我得倖存
真的更有活力

——《海外詩文庫　佩索亞詩集》12

我常常想變成其他人，想逃脫「自己」這個監獄，想去別的地方而不是待在這裡。四十歲以後，我停止逃亡，因為我發現身體是生命的奇蹟，透過這個身體來觀察內心，進而觀察這個世界，並與世界建立關係。放棄以極端的角度否定自己，為了肯定自己是值得祝福的存在，我覺得觀察力是必要的。

12 本書無繁體中文版。日文書名：ペソア詩集（海外詩文庫）。作者：費爾南多・佩索亞。翻譯：澤田直。出版社：思潮社。

CHAPTER

2

假設，是觀察循環的起點

五個具體建立假設的步驟

展開觀察循環，從「假設」開始最能產生動力

上一章提到，在展開觀察時，「認知偏見」「身體與情緒」「（時間空間的）前後關係」會決定觀察品質，我將這三個要素稱為「眼鏡」。如果人們必須透過眼鏡才能看到觀察的對象，那有意識地更換眼鏡就可以了，而可以做到**「有意識地更換眼鏡」的方法就是「建立假設」**。

觀察，可說是審視「假設」與「觀察對象」兩者之間差距的行為。在古希臘哲學家芝諾所提出的悖論「阿基里斯追烏龜」[1]中，跑得很快的英雄阿基里斯不管花再久，一生都無法追上烏龜。因為阿基里斯在到達該地點時，烏龜已經從該地點向前進了一些。烏龜與阿基里斯，就像是「假設」與「觀察對象」的關係，兩者因為前提的設定，永遠沒有剛好交會的時候，雖然兩者的距離無止盡的接近，但是假設和對象之間永

遠會有偏差。

觀察事物時會產生疑問，從疑問中萌生假設，接著展開新的觀察以驗證假設。這樣反覆循環累積觀察成果，就可以提升觀察對象在自己心中的清晰度。在前言中曾提到，我認為牛頓從能蘋果推導出萬有引力定律，不是編造的傳說而是真實故事，原因就在這個循環中。

我認為牛頓一開始產生了「為什麼蘋果會掉在地上？」這種連小孩子都想得到的簡單問題，再演變成「是不是有力量拉著蘋果往地面掉」的粗略假設，再開始對周遭進一步觀察，每次觀察都會再度產生新的問題，假設就能不斷地被修正或更新，最後才推導出「萬有引力定律」這偉大發現。

人類偉大發現的第一步，大抵都是從簡單的問題起步的。如果一開始就必須從偉大的問題著手，才傾注一生去鑽研的話，我想應該有很多人會感到絕望，因為不可能突然發現偉大問題，實際上是從人人都想得到且非常普遍的問題，透過不斷建立假設與觀察驗證，而後漸漸推敲琢磨出更深層的問題。

在我撰寫的《我們用「假設」創造世界》一書中，主張從假設開始思考。最近安齋勇樹先生與塩瀨隆之先生合著《提問的設計》[2]成了暢銷書，如同書名，書中講述怎麼做才能提出好問題。「問題↓假設↓觀察」這三個步驟會不斷的循環。

從哪裡作為起點，才能不斷持續思考呢？安齋與塩瀨先生認為是「問題」，而本書則是以「假設」作為起點，就能實現不斷的思考循環。坦白說，起點從哪裡開始都可以，重要的是循環靜止不動時，該如何給予動力，使其再次轉動，而賦予動力的手段自然是越多越好。

觀察（思考）循環

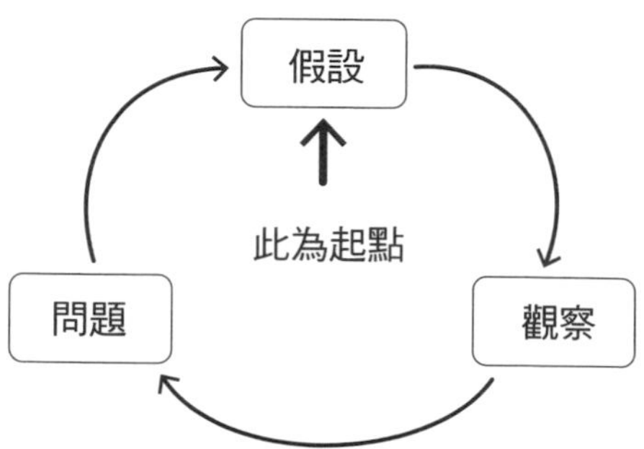

無論如何先從「設定假設」開始，會產生想要驗證假設的欲望，就能開始觀察循環。

行動循環

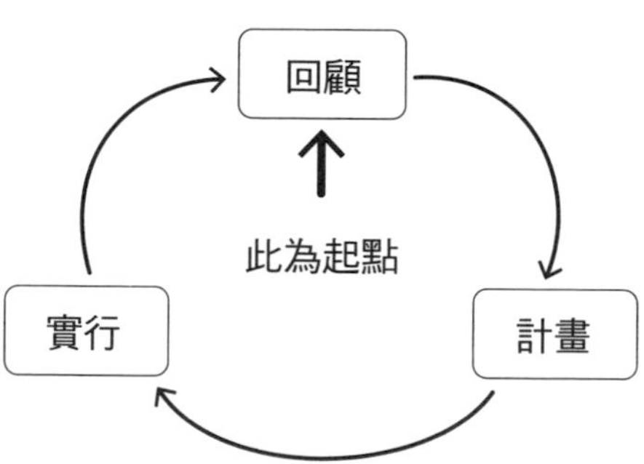

若以「計畫」為起點，往往無法提升執行的動力，計畫就很容易落空。若以「回顧」作為起點則較容易能提高動力。

我認為從假設開始循環會比較好，是從「行動循環」中得到靈感的。在企業中執行具體企畫案時，常常會採用行動循環三步驟，依照「計畫↓實行↓回顧」的順序進行。循環多以「計畫」為起點，但由於新計畫容易發生出乎意料的事，若遇到計畫落空，就可能因為缺乏執行動力而停擺。

在嘗試重啟循環時，我發覺以「回顧」作為起點較能提高執行動力，也能根據回顧內容對計畫做下一階段的調整。而在觀察（思考）循環中，「假設」正好等同行動循環中的「回顧」，一開始**即使只是提出粗略的假設也好，總之先建立假設，就容易引發驗證的欲望，便會產生觀察的動力。**

假設是最有力的觀察工具

開始觀察時，最有力的工具就是假設。然而，現代有太多便利的測量工具了，一旦沉迷於使用工具的情境中，人們進行的便不是觀察而是「觀測」了。從觀測的過程蒐集各種數據後，會讓人產生得到資訊的感覺，便會覺得安心。但我認為即使沒有網際網路或測量儀器等現代工具，光靠假設看世界，反而可以觀察得更遠更遼闊。

在兩千五百年前的古希臘，人們認為世界是由「火、空氣、水、土」四個基本元素所構成，根據這個假設觀察世界、深入思考，在持續進行的觀察思考中，四元素這個假設也就持續地被更新。中國的「五行」也是類似的假設，認為世界是由「木、火、土、金、水」這五個元素所構成。不論在東方或西方，都建立了大膽的假設，並以此觀察世界。因為產生了各式各樣的觀察結果，假設也在過程中持續被更新，牛頓的萬有引力定律亦是如此。

雖然現代社會充斥著大量的情報與工具，但我還是建議，不妨試著放下所有便利的輔助道具，僅以假設作為武器開始觀察，是最好的鍛鍊方法。接著就來討論該如何建立假設吧。

1 古希臘哲學家埃利亞的芝諾提出的一系列關於運動的不可分性的哲學悖論，由於被記錄在亞里斯多德的《物理學》一書中而為後人所知，「阿基里斯追烏龜」是其中有名的悖論之一。阿基里斯之所以追不上烏龜，在於前提「由於阿基里斯首先應該到達烏龜出發之點，此時烏龜已經再往前走一段距離。」限制了阿基里斯追趕的時間（距離），導致無限的時間序列。

2 作者：安齋勇樹、塩瀨隆之。出版社：經濟新潮社。

①直白地描述

學校在教導繪畫鑑賞時，常會建議學生「就你看到的、感覺到的，說出來就好」。如果講不出感想，與其絞盡腦汁地想出煞有其事的感言，不如藉著檢視周遭資訊來整理感想。

即使只是把感覺到的事情說出來，也不是一件簡單的事，因為我們常常連自己心中有什麼感受都不知道，所以才要鍛鍊觀察力。雖然我認為繪畫鑑賞是「觀賞繪畫，然後觀察自己心中被觸動的感受，並反覆思考觸動內心的繪畫細節與作者意圖」的行為，但是能輕易做得到的人微乎其微。

舉維梅爾《倒牛奶的女僕》（見下頁附圖）為例，幾乎沒有人能夠在看畫後，立刻建立假設，進行觀察。「光線的描繪方法似乎很特別喔，那麼到底是怎樣的特別法，來觀察看看」這樣的想法不會在看畫時憑空冒出來，因為這是經過好幾回「問題↓假設↓觀察」的觀察循環後，好不容易才得出的假設。

那麼，要怎麼開始觀察循環的第一步？首先把看到的東西「好好地說出來」。建立假設，是為了把腦裡模糊不清的思緒，整理成語言。因此先從說出來開始。

人類雖然是使用身體來感覺世界，然而透過語言則能將感受化為工具，供意識使用與控制。唯有化作文字，才能背誦與整理；唯有化作文字在腦中整理，才能提高對事物的解晰度。我想語言是人類唯一能夠超越時間與空間，可隨身攜帶的武器。所以，從文字開始建立假設，是最有效率的方式。

《倒牛奶的女僕》

盡量將所看到的東西化為文字敘述，一旦有了文字，疑問自然而然就會浮現，因而產生假設。雖然缺乏假設無法做出有效觀察，但是在想不出任何東西可以開始時，只要把目標放在「將腦中的思緒化為語言」，開始觀察就可以了。

《倒牛奶的女僕》是荷蘭黃金時代的畫家楊・維梅爾在一六五七年的作品。在此讓我試著直白地描述給各位，我順著第一眼看到的、而後逐漸注意到的印象按順序描述出來，並盡量連細節也一起列出：

女僕站在畫的正中央，像是置物的桌子上放著矮胖的陶器，女僕很謹慎地用雙手慢慢倒牛奶。桌上鋪著翠綠色桌巾，上面放著各式各樣的麵包，有被撕成小小一塊的麵包、也有放在籃子裡的大塊麵包，另外還放著銀製水壺。

女僕頭上包著白色的頭巾，所有頭髮都包進頭巾當中。上半身穿的是黃色厚重的工作服，袖子被捲到手肘，下半身則是茶紅色的裙子，腰間還圍著一條藍色圍裙。

女僕身材有點粗壯，從手肘到前面的手臂，看得出一些肌肉線條的起伏。她的臉朝向倒著牛奶的水壺，從表情中看不出她的情緒。陽光從畫面左側的窗戶照進來，女僕右半部的臉和上半身，以及牛奶水壺和裝奶的陶器、桌面，都被陽光照著。女僕正後方是沒有花樣的白色牆壁，到處都有被釘子釘過、坑坑洞洞的痕跡。

把眼睛看到的東西用言語表達，英文稱為 description。Description 帶有「描述、描寫、說明、表達」等意思，在此我想表達的是「把自己所看到的東西，原封不動的用言語描述出來」的意思。

要提醒各位的是，這個步驟需要先排除主觀感想，盡可能從客觀角度描述，只說明事實。把事實與感想分開的練習，在鍛鍊觀察力的過程中非常重要，如果將自己的解釋、感想當作事實，觀察就會停止，而且很容易發生誤解。

根據《看出關鍵》[3]書中所述，造訪美術館的人在一幅畫前所花的時間平均只有十七秒，急性子的我看畫的時間搞不好比十七秒更短。人們不遠千里專程前往美術館，竟然只花那麼短的時間看一幅畫，若是看畫冊，時間還會更短。

光是執行「看」這個動作，無法掌握畫中蘊含的眾多情報，而且往往會變成「以為自己理解了」而停止觀看，花時間慢慢地觀察並不容易。但心中想著要用語言描述的話，因為文字有一定的長度與先後順序，觀看的時間必然會跟著加長，如此一來就會察覺到很多原本不會注意的細節。

讓我們再重新看一次《倒牛奶的女僕》，並在大腦中嘗試描述這幅畫，來聊聊愛神邱比特吧。不知道有多少人在看這幅畫時，會注意到右下角磁磚上的愛神邱比特？一開始的時候我完全沒注意到。雖然我們看畫只有一瞬間，但畫家可能會花上數十個小時到幾個月才完成一幅畫作。即使是簡單的構圖，相信畫家也不是隨手畫上去，而是埋藏了特定的含意在畫中。那麼愛神邱比特的含意是什麼呢？

提出這個問題後，我的腦中浮現一個假設：「女僕是不是喜歡上誰？還是誰喜歡女僕？」帶著女僕與戀愛有關的假設，我們重新觀察這幅畫如何？畫中還有其他與戀愛相關的資訊嗎？畫家想藉由女僕傳達什麼想法呢？有了假設，就可以用偵探般的眼光找尋證據。

磁磚前方的木箱是什麼？裡面好像有東西，會是什麼呢？光是看畫無法解答的疑問，接二連三湧現。無論是怎樣的內容都行，嘗試描述出來後，就會浮現假設；再利用這個假設當作眼鏡，重新審視畫作。如此一來，就會察覺到先前忽略的細節，新的問題隨之浮現，因而更新假設。

許多人有窺看內容的欲望，例如看到被收縮膜封起來的雜誌，不知為什麼就是想買來看看裡面的內容，但是買回家後，卻沒有興致仔細詳讀，只是稍微瀏覽了一下就覺得「我知道了」「我了解了」，進一步追究的欲望就停在這裡。

脫離這種「好像看了卻沒看仔細」的現象，是提升觀察力的第一步。首先要「用文字表達出來」，只要把看到的事物，換成言語說出來，就很容易從中浮現出假設。**嘗試把腦海中模糊不清的「抽象」印象，轉化為具體的「言語」，就可以從這些具體的文字中，回過頭來推測作者**

意圖這類「抽象」事物。像這樣反覆進行「抽象→具體→抽象」的作業，就能逐漸提升觀察品質。透過文字察覺自己的觀察是否恰當，一旦有了自覺，就能知道下一步該採取什麼行動。

3 作者：艾美・赫爾曼。出版社：方智。

②以外部「評價」作為參考

做出文字描述後，腦中可能會冒出假設，如果還能因此越看越感興趣是最好的，但大概也有人什麼假設都沒想到，這時該怎麼辦？大多數的學習都是從「模仿」開始，若想知道其他人是怎麼看《倒牛奶的女僕》的話，蒐集情報也是很有幫助的。

在撰寫本書時，我曾在Google搜尋「倒牛奶的女僕」這個關鍵字，結果讓我很吃驚。在Google提供的Arts & Culture這個服務中，對名畫提供相當多描述，而且還會一一介紹畫中的細節，利用這個服務可知道其他人怎麼鑑賞畫作，將別人的觀點當作是眼鏡戴起來看就好。在這裡並不是要請大家用他人解釋的看法去看畫，而是要請各位針對他人的解釋，以尋找反對或贊成的證據來看畫。我認為這是很重要的步驟，所以反覆執行了很多次，一旦建立假設後，就能以尋找線索的眼光來審視，如此一來就能針對畫作進一步觀察。

在進行描述、並建立假設時，若沒有參考外部情報，可能會產生強烈如信念般的假設，雖說也可能會產生有趣的發現，但是這種過度主觀的假設，也可能會導致讓觀察循環停止的風險。此時打破僵局最有效的手段是外部情報，也就是利用他人的評價來做假設，繼續進行審視。像我在看電影的時候，會先參考預告或概要，然後提出自己的假設「或許是這種類型、這種故事的電影吧」再去看電影。即使被評論是很無聊的電影，有時會因為假設和作品的反差過大，「我預測是這樣的電影，竟然有意料之外的發展」，反而能享受預料之外的樂趣。

若希望享受欣賞作品的樂趣，卻只是被動地觀看作品，結果常常會感到失望。思考創作者和自己的觀點為什麼有如此大的差距？這是可以無止境延伸下去的疑問，一旦抱持著疑問，就更容易享受作品帶來的樂趣。

我在看某些電影前，也會先看幾篇他人的評論。藉由觀察別人的評論與自己的差異，可加深對作品的理解。雖然有些人在看過評論後，會認為那是正確答案，並且想要按照他人的看法來看，但他人的評論只能借來當作假設，以反駁或驗證假設的心情來觀賞，才會形成優良觀察。

③記憶不可盡信，要對照數據

為了建立假設，前兩個方法是以文字描述與參考他人的評價，而第三個就是對照數據。

「今年好熱啊」常有人會自然而然的這樣開啟話題，碰到這樣的閒聊，我常常會不知該如何回應。雖然「今天很熱」這個事實可以馬上回答，但若是「今年很熱」的話題，不查核數據便無法確認。

我認為人的記憶跟妄想沒兩樣，常常是毫無根據的感受。人們總以為「因為是親眼看到的，所以記憶是對的」，實際上並不記得自己是否觀察得很清楚，而記憶又會隨著時間流逝慢慢走樣。因此在建立假設時，不建議仰賴記憶。如果有統計數據的話，對照數據是最好的作法。

接下來用我日常生活中的例子，將使用數據作為假設到採取行動的過程介紹給各位。

近幾年我開始配戴 Fitbit 這類可以測量心跳的智慧手錶，透過每晚查看 Fitbit 數據，反覆驗證假設後，讓我自然地戒掉喝酒的習慣，即使我非常喜歡喝酒，喜歡到連公司都取名為「軟木塞」，仍然堅定的戒酒了。這過程中發生了哪些觀察？

Fitbit 可以記錄安靜時的心跳數與睡眠得分。檢查數據時，我發現某幾天出現安靜時心跳數很高與睡眠得分很低的情況，回想後發現共通點是這些日子都有喝酒，因此推測飲酒會降低睡眠品質。發現這個關聯性後，我開始進行各式各樣的假設，像是在飯局後半時盡量少喝酒、喝酒的那天長時間泡澡、睡前喝大量的水等等，我嘗試了很多作法，希望找出即使喝了酒，也能睡得好的方法，但結果怎麼嘗試都無法改進睡眠品質，最後得出的結論是不能喝酒。在停止飲酒後，睡眠數值就立刻大幅改善。

即使透過實驗證實戒酒有助睡眠，但我太喜歡喝酒了，所以給自己定了一個規矩，就是在東京（居住地）時盡量少喝酒，若是在外地的話則是喜歡就喝。但嘗試幾次後，發現我的身體對酒已經無法招架，即使在外地也沒辦法喝，於是乾脆戒酒了。雖然一開始我不想要戒酒，一旦察覺並進行觀察後，才發現身體已經無法接受酒精了。每天檢查數據，經歷各種嘗試後，得到的成果（戒酒）完全超乎一開始的想像。

在以數據為根據，設定假設的過程中，原有的疑問有時也會被更新。我一開始抱持著「怎麼做能讓自己更健康、更快樂？」這樣的「疑問」開始「觀察」睡眠的數據。原有的假設是「如果白天過得很充實，晚上就能獲得優質的睡眠」。因此，白天排滿許多想做的事，如此一來就會因筋疲力竭而熟睡。在每天檢視數據的過程中，我心中產生了一個相反的假設「是不是有了優質的睡眠，白天才會過得充實？」

目前我是根據這個假設安排行程，因為我的生活是在東京和福岡兩個據點間移動，習慣七點起床的我，在要搭飛機的日子得在六點起床。為了獲得優質睡眠，我推測固定起床時間效果會比較好，所以便把公司最晚的會議時間都提早一小時，將自己的作息調整為即使不需搭飛機的日子也固定在六點起床，而且會在上午散步或慢跑，適度消耗自己的體力。像這樣以睡眠為起點，重新安排生活。現在還無法斷定長久下來的成果會是如何，但是就現階段執行的感受來說，我的身體感到非常舒服。

從數據來設定、更新假設是非常有效的方法，但是在審視數據時，若太過客觀反而容易卡住，想不出假設。就像前面所舉的例子，「為了讓生活過得更幸福，我想睡得更好！」因為帶有這樣的「欲望」，在審視數據後才能產生假設。在比較自己的假設與實際數據時，雖然需要保持客觀，但是在建立假設的階段，反而是盡量主觀會更好。在鍛鍊觀察力時，在適當時機穿梭於客觀與主觀、具體與抽象之間，利用轉換角度讓實驗繼續前進，可說是提升觀察力的重要關鍵。

使用數據時盡量主觀

透過欲望，主觀審視數據時會產生假設。在紀實作品、同時也拍成電影的《魔球》[4]中，主角比利·比恩利用數據來分析球團，讓原本貧窮弱勢的球團奧克蘭運動家，因為他的手腕，搖身一變成為經常出入季候賽的強勢隊伍。雖然使用數據這個事實備受矚目，但是球團強烈想贏的欲望也不可或缺，促成以數據為根據的假設觀察循環。

不論是哪個球團，或許同樣都有強烈想贏的欲望。不過每個球團也都面對著同樣的問題：

「怎麼做才會贏？」

↓有能夠打出很多安打的打擊手，與不會讓對方得分的投手

↓怎麼做才能湊齊這樣的優良選手

↓物色或是選拔

像這樣一步步展開思考循環。

反之，比利卻從「怎麼做才能讓年薪便宜的選手打贏」的角度切入，並且把棒球定義成「直到二十七個出局為止，才能結束的競賽」，而不是「擊出安打，不讓對方得分來取勝的競賽」。比利以這個假設為前提，重新審視了棒球數據，他的主觀判斷改變了對既存數據的看法。在他改變球壇之前，球界常識是比起四壞球更重視安打，打擊率高的選手能獲得較高的年薪。但是在比利的假設中，從「為了得分，就不能出局」的觀點來看，安打和四壞球的價值是一樣的。照著這個邏輯，運動

家聚集的選手都不是打擊率很高，而是上壘率高，以便宜人事費搖身一變成為強勢隊伍。比利沒有被球界既存的常識束縛，從「該怎麼做才不會出局？」這個主觀問題來看待數據，才能建立他自己獨有的假設，進行觀察，再度發現數據價值的循環。

我的公司也很重視數據的蒐集，不單只是看營業額或利潤，而是為了思考以怎樣的數據為依據，才能建立一個讓社員工作得更流暢的環境。因為新冠疫情，軟木塞的員工們完全切換成遠端工作，就像為了讓辦公室環境更舒適般，我也在想怎麼做可以讓線上溝通更流暢。即使在線上工作，也希望促進彼此溝通、讓同仁感情融洽，出於這個欲望，我委託新創企業 Leave a Nest 蒐集數據。

在公司實施遠端工作後，用來溝通的工具有 Zoom、Slack、Notion 這幾種服務，我蒐集了其中最常使用、而且比較容易分析的 Slack 數據。

Slack的使用頻率下降時，意味著什麼？Slack使用頻率的高低是否與該群組的工作成績有關？設定這些假設後再來分析Slack的紀錄，公司內的溝通狀態變得一目了然。

首先，從數據可發現每個社員使用Slack的時間大不相同，因為每個家庭狀況不同，工作的方式也很多樣，不過藉由數據，可以更容易了解每個社員是以怎樣的方式工作。例如有位正在育兒的成員，在晚上六點到九點這段時間絕對不會碰Slack；另一方面，也有成員一點都不在乎是假日還是深夜，一直在使用。得到數據後，成員之間彼此開始協調溝通方式，以Slack的使用時間為根據，各自重新思考該以怎樣的方式來合作，彼此間也會溝通「我的核心工作時間是這幾個小時」，若在核心工作時間之外，就不期待對方回訊息。在這樣的努力下，每月評量中的社員緊密關係得分進步了，也有很多社員也覺得工作更方便流暢。

如果在辦公室內上班，可以透過觀察社員間的來往溝通，掌握目前公司的狀況來決定對策；但是遠端工作，因為不可能直接觀察到全體社員之間的往來，只能參考數據、從中建立假設、最後決定對策。也就是藉由抽象數據代替具體觀察，才能建立假設。

4 作者：麥可・路易士。出版社：早安財經。

④模仿要到位，得找出背後的形式

如同先前提到的，想追求優秀的工作成果，需要的不是擊出全壘打，而是在日常持續累積理所當然應該做好的事。因此，比起追求乍現的靈感，學習基礎的事物反而是最重要的。

不論處在什麼階段，可以用來學習基礎的方式就是「模仿」。不論是對新進漫畫家還是公司員工，甚至是我的兒子，我都會強調模仿的重要性。而且在我自己想要做出改變時，也會重新回到「模仿」。

有些讀者或許會認為「模仿」是安逸的做法，但我的看法卻相反，用自己想出來的方法做事反而更安逸，因為很容易從中獲得成就感。明明自己的作品與一流作品有天壤之別，卻不好好觀察兩者差距，反而安於現況就此打住，能夠保護自己且最輕鬆的做法，就是自己慣用的方法。

實際嘗試就會知道，模仿一流的專家或作品並不簡單。例如日本舞的舞者，在移動時腳會擦著地，太極拳的動作則是帶有閑靜的氛圍，用看的會以為很容易，但是實際去做卻無法呈現出同樣的感覺。因為身體沒有經過鍛鍊、肌肉不夠結實，就沒辦法做出相同的動作，即使刻意模仿也無法，甚至也不知道自己缺乏哪些素質。模仿就是從這樣的絕望作為起點，不模仿反而是逃避自己「做不到」的做法，也可以說是不參加自己會得到低分的考試。

因此我總是推薦新進漫畫家「模仿」，可以模仿崇拜的漫畫家作品。光是模仿畫作並不難，但如果連故事、甚至是思考邏輯都能模仿，就表示脫離菜鳥階段了。因為畫作是具體的，但內在的思想卻是抽象的，連抽象概念都能模仿到位就不簡單了。

此外，模仿對象不一定要是具體的物品，像似顏繪[5]就是很棒的模仿方式，雖然是在模仿現實中的人物，但並不是畫得像相片一樣就好，而是要看透人物的「風格」才能進行模仿。要模仿一個人的印象並不簡單，比方說作畫時把瀏海旁分這個特徵彰顯出來，是基於「瀏海旁分」是對方「風格」的假設。這樣的話，會和這個人的印象很像嗎？這樣的假設和觀察會綿延不斷地反覆進行。

如果沒有模仿這個起點，就不會發生接下來的觀察，模仿甚至可說是建立假設的同義詞，而模仿的行為本身也是無止境的「假設驗證」。似顏繪該從哪裡尋找特徵？是斜分的瀏海，還是眼鏡？這個特色很像本人嗎？像這樣仔細不斷回顧自己的假設。如果不經過模仿，隨興愛怎麼畫就怎麼畫，就沒有改善的餘地了。

從無盡的假設驗證循環中，找出的通用規則被稱之為「形式」。有些人認為「形式」是很無聊的東西，然而徹底模仿「形式」的學習過程，就是在汲取前人累積的智慧。模仿時除了注意表面的「形式」外，若能對「形式」如何形成的歷史背景感興趣、並且加以吸收理解，就能讓自己徜徉在更多彩豐富的世界中。

《東大特訓班》的作者三田紀房，曾經教導我這個新進編輯好幾次，畫漫畫要用形式來畫。而櫻木也在作品中反覆闡述形式的重要性。

沒有形式的創意，只是自以為是

掌握「形式」的行為和觀察相通。在模仿形式的過程中，假設與驗證的循環自然會產生，對於觀察結果的掌握程度會跟著逐漸提高。沒有觀察、就學不會形式；學會形式，觀察的精細度也會提高。

《東大特訓班》第 2 卷 第 12 堂

在學習形式時，一開始只要單純記憶在腦中即可，就算試圖理解一個個動作背後的意義也沒有意義，因為這個階段的自己還無法理解。腦中記憶的形式累積到某種程度後，就能自然地運用形式，資訊量一旦提高，就能意識到更多身段與動作細節。排除自己的想法和喜好，開始模仿後，自己的欲望與關注焦點便會自然湧現。這和語言描述是一樣的，在嘗試將觀察轉為言語的過程中，自然而然會發現自己認為「這裡很重要」的地方。

像這樣在吸收他人形式，更新腦中資料庫時出現的東西正是「獨創性」。反之，在沒有形式的狀況下，光靠自己的方法創作，最後得到的結果多半是既存形式的劣化版。觀察不僅對漫畫家或小說家有幫助，也是人人必須具備的能力。因此，理解其他領域的成功者如何觀察，是最有效率的方法。我最常觀察的對象是廚師，一邊享用食物，一邊思考這個料理是經過怎樣的觀察過程所創作出來的。每天去餐廳吃飯同時還能訓練自己觀察他人。

一開始，我的觀察重點會放在這位廚師有沒有挑戰食譜的再現性，以及這個食譜隨著時間過去，有沒有開發、轉化成新的食譜。根據廚師的觀察對象，我把廚師分成三個類型：僅觀察同樣類型料理、會觀察其他類型料理、會觀察社會整體，這三種類型。有在觀察社會整體的廚師，在改進料理時，不僅是食譜，就連餐廳的空間、飲料等周遭環境都會隨時間逐漸更新。

像是京料理 6「木乃婦」的高橋拓兒先生就具有壓倒性的觀察力，恪守傳統又兼具革新性，是我非常尊敬的廚師。高橋拓兒曾經說過讓我印象深刻的話，他在學習京料理的形式之後，覺得如果就這樣下去，便會拘泥在細節，死守形式，沒辦法產生新變化。因此刻意去學習自己喜歡的料理外的類型，並成功發現「喜歡的類型×料理」這個形式。

「葡萄酒×京料理」雖然現在已是普遍且理所當然的做法，但就是由高橋先生所創立的潮流。此外，他還不斷推出像「能劇×京料理」、「器皿×京料理」這些改變組合對象，充滿了獨創性的料理形式。據說高橋先生一開始是從「法國料理×京料理」這種比較接近的類型開始組合，再逐漸嘗試差距較大的組合。

獨創性並非沒有形式，而是會在形式與形式結合時產生。將兩個差距很大的形式成功結合，就是革新，因此有人說「革新是從邊界誕生」，想創造有獨創性的東西，就必須帶著形式前往邊界。

忠於形式的故事

我主辦了名為「軟木塞訓練專科」的學校，專門訓練想成為漫畫家的人。很多人一開始都是為了描繪自己獨創的故事或創作與其他人不同的作品才來這裡學習，不過在課堂上教授的還是以「故事形式」居多。來聽課的人一開始往往感到錯愕並且無法接受，但是多數學生把形式記憶下來後，便逐漸創作出自己也料想不到的優良作品。

故事從「形式」來創作會比較好，並不是我獨創的主張，在好萊塢是理所當然的事，在大學也學得到。很久以前亞里斯多德便在《詩學》論及「故事有特定形式存在」這件事，該書也充分討論到故事的本質。《星際大戰》三部曲便是徹底忠於「形式」的代表作，據說導演喬治・盧卡斯受美國神話學者喬瑟夫・坎伯很大的影響。

坎伯比較古今的英雄神話，並加以研究，發現神話的基本構造。在《千面英雄》[7]一書中，坎伯整合了古今中外最古老的英雄傳，像是吉爾伽美什的冒險、奧德賽、伊奘諾尊與伊奘冉尊、穆罕默德、老子、佛陀的修行等故事，用榮格心理學的原理加以研究這些故事中的「英雄冒險」，並將共通的基本構造歸納為英雄之旅的形式，大致如下：

Separation（分離、啟程）→**Initiation**（通過儀式）→**Return**（回歸）

儘管如此，坎伯的形式抽象度依然很高。而在《暢銷書密碼》[8]這本書中，文字探勘的專家利用人工智慧，分析近五千本小說內容，從中歸納整理出故事的形式。按照故事的形式所呈現的感情曲線，分為七種情節走勢。

把這些形式記下來，在觀賞電影或是閱讀小說時，可以對照看看與哪個形式吻合。如此一來就可以一邊品味作品，透過每次觀賞、檢視形式的過程，累積自己對形式的理解。（七種情結走勢的詳細說明，請參考 95-97 頁附圖）

七種故事情節的形式

情節 1：主角從嚴峻的狀況慢慢邁向幸福大道的故事

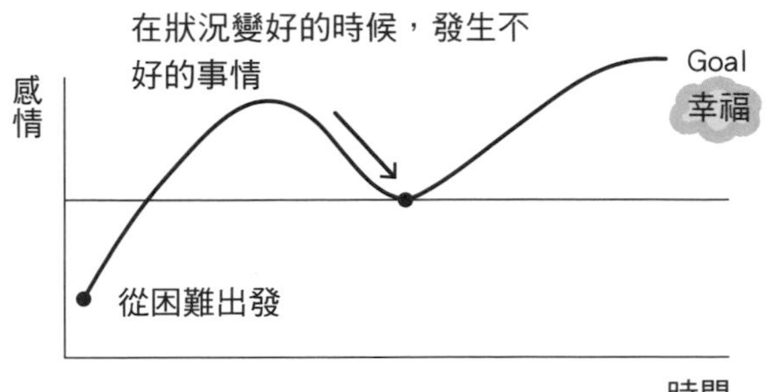

情節 2：主角接受悲慘現實和嚴峻狀況的故事

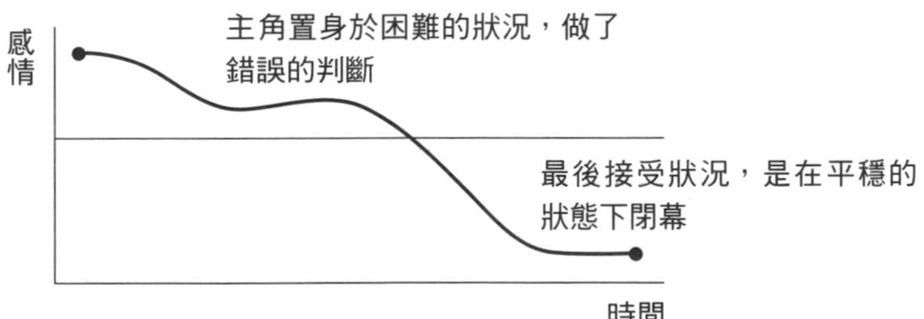

情節 3：主角成長的故事

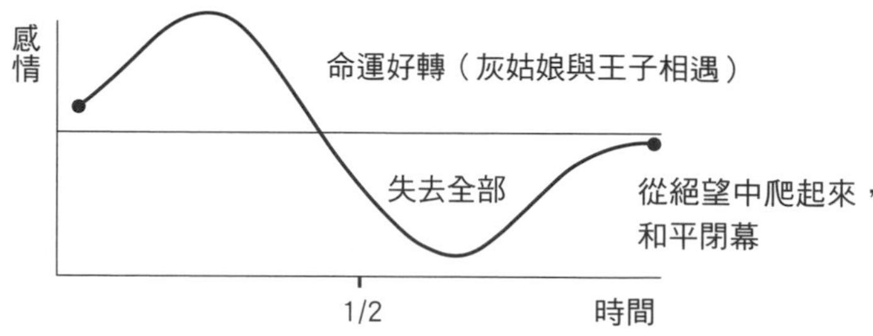

情節 4：主角經歷變化，重新蛻變，改頭換面

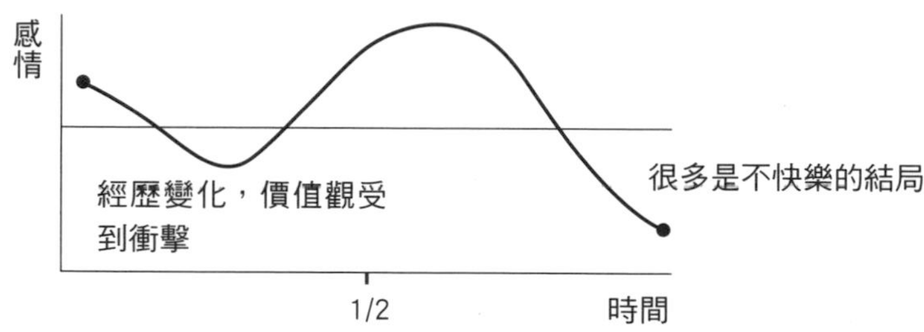

情節 5：主角面臨完全不同的世界，不但發現其中的魅力，還經歷考驗，最終克服難題，回到原來世界的故事

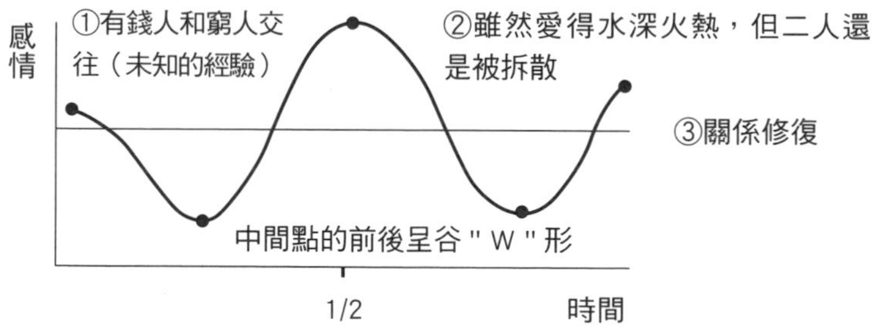

情節 6：主角為了追求夢想冒險的故事

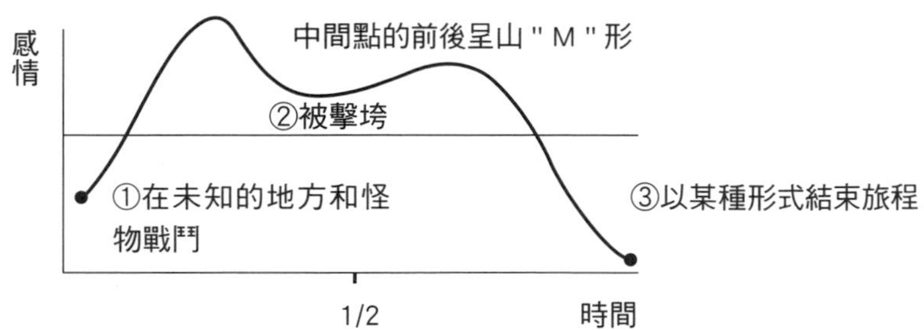

情節 7：主角不得不面對困境，最後邁向幸福的大道

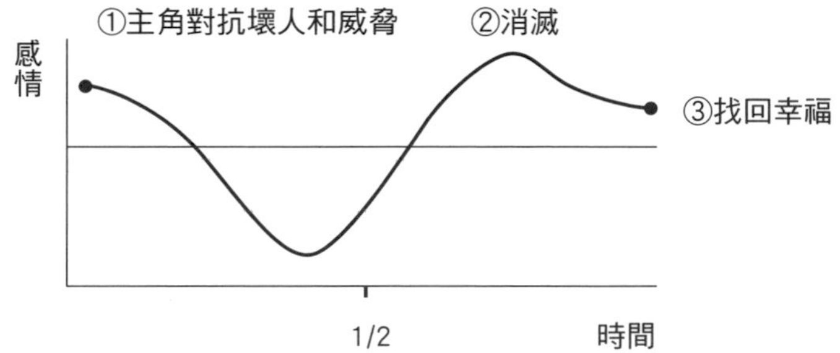

在軟木塞漫畫訓練專科，會讓學生在六個月的課程中完成三十二頁短篇漫畫，除了讓他們理解形式的重要性，還會教授學生如何用形式構成具體的八幕劇情。雖然無法在此逐一說明內容，但想告訴各位讀者的是，使用形式可以讓學生較容易了解創作的過程。「形式」是為了觀察的道具，使用故事形式創作作品，不僅容易留下記憶，也容易反思檢討。

即使是簡單的形式，也能創造出充滿個性的故事。當然，形式本身沒有個性，那怎麼做才能產生獨創性呢？流程如下：

❶透過形式，內容可以確實地「傳達」給讀者。

❷在形式裡，乘載了作者的「記憶」。

❸作者的記憶包含獨特的個性。

也就是說，故事可以這樣組合創造：

故事＝故事形式×自己的記憶（體驗）

拘泥於獨創性，討厭模仿的創作者，會想要自由發揮，不使用形式。如此一來，很難把自己的意思明確傳達給讀者。**最好的方法，是把自己想要訴說的記憶和體驗，放進故事形式中說出來，才能把自己想表達的情感傳達給他人。**「故事的形式」是維持讀者閱讀興致最有效的手段，這麼方便的工具，哪有不用的道理？雖然形式本身會與他人重複，但藉由不同形式的組合與置入自己的記憶，便可產生獨創性，形式本身則盡可能簡單、普通就可以了。

為什麼初學者從模仿開始就可以了呢？因為持續模仿，就能察覺背後存在的形式，自己在思考形式為何產生的過程中，自然而然把形式化為己有。我會有意識地透過形式來進行觀察，直到建立出假設為止，接著持續模仿，就能將形式學起來。

5 肖像畫的一種，著重捕捉人物容貌特徵，並將特徵以簡化或誇張的方式表現的繪畫。

6 京料理指的是日本京都地區的地方菜，有其獨特清淡的烹調方式，目前已經成為京都市的專門品牌名稱，是京都歷史上五大日本料理體系「大饗料理、精進料理、本膳料理、懷石料理、家常菜」的總稱。

7 作者：喬瑟夫．坎伯。出版社：漫遊者文化。

8 作者：茱蒂．亞契、馬修．賈克斯。出版社：雲夢千里。

⑤培養自己的衡量標準

我在創作這本書時經歷許多瓶頸，途中有不少難產時刻，我以為已經思考過許多與觀察相關的事，且身邊有各式各樣的例子可以說明，因此要將想法歸納成書應該不困難。我以為創作此書的過程，只是把自己對思考的觀察告訴代筆，規劃整理目錄，並由代筆將內容化為文字，經過我的修正，最後付梓成書。

前面曾提到，在進行文字描述時，腦中會產生疑問和假設，在創作此書時也確實發生在我身上。因為將想法文字化後，逐漸對觀點有更高的掌握程度與解晰度，疑點也隨之增加。因為有好多疑點沒解決，讓我很傷腦筋，如此一來，書的內容幾乎停滯不前。阿基里斯與烏龜的例子就出現在這個情況下，當觀點的解晰度提升，就會產生新的疑問，若要將這些層出不窮的疑問全數解決，就會像阿基里斯追趕烏龜一樣，永遠無法完成這本書。

一旦嘗試將自己的思考置入商務書籍的形式中，才發現自己的詞語定義模糊不清。雖然我經常使用「衡量標準」這個詞，但是在運用「眼鏡」這詞作為說明時，內心卻感到動搖。眼鏡是前章定義的「認知偏見、身體與情緒、前後關係」這三個元素，在進行觀察時，會影響我們的觀察品質；另一方面，衡量標準的刻度若被輕易改變，就會讓觀察變得很麻煩。也就是說，**適時換眼鏡可以，但衡量標準卻是不可動搖的價值觀，我是如此區分這兩個詞。**

建立假設時，需要一些立足點作為前提：❶將思考描述出來產生的文字、❷定性數據、❸定量數據、❹形式，有了這四個立足點，就能建立假設。觀察自己身外的世界，設定假設，反覆觀察。

在此我們不妨先觀察自己內心，尋找可以成為立足點的事物，就可能會發現衡量標準，換句話說是自身不可動搖的價值觀。具體來說，衡量標準或是價值觀又是什麼？我以自己為例說明給各位讀者。

我離開出版社自行創業，是為了什麼？是被怎樣的價值觀激發？是想要更自由的工作？還是想要更多的報酬？是為了創作者嗎？如果真是如此，又是為什麼呢？幾十年後，在我墓碑上要刻什麼，我才會對自己的一生感到自豪呢？

我不斷進行自問自答，最後得到的答案是「想要學習」。這個價值觀背後沒有什麼理由，只是問題的終點。我希望把畢生的時間都拿來磨練自己，成為學習的專家。那為什麼不是個人自由工作者，而是開公司？要如何才能持續下去？我繼續進行下一輪提問。

最終挖掘出的答案是「想把學到的知識，轉移到社會上使用」這樣的渴求。我想嘗試發起學習的連鎖效應，希望將「我理解了！」的感覺不只留在自己腦海中，也想傳達給他人。總之，我期許自己「成為學習專家，並將學習成果貢獻給社會」，就是我給自己設立的衡量標準。

當公司接到新的工作委託，我都會使用這個衡量標準來評估，我會問：這個企畫，會讓我學到新的東西嗎？這個學習，未來可以轉移到社會上嗎？如果答案是「Yes」，就會繼續進行新的假設：能夠獲得怎樣的學習？如何將學習轉移給他人？

執筆這本書的過程，不僅提升了我對於「觀察力很重要」這個觀點的解晰度，也讓我能夠把思考以更具體詳細的方式傳達給一起工作的漫畫家們。

以軟木塞這個公司為例來進行思考，軟木塞的任務是「以故事的力量，改變每個人的世界」。當我和作家們討論企劃時，又或是與同仁討論周邊商品或活動時，都會問其他人：故事的力量真的能改變每個人的世界嗎？會改變多大？如何改變？再做下一步假設。

衡量標準也可以比喻成「北極星」，因為位置不會動搖，所以可以當作路標，藉此觀察假設和現實的差異。北極星不是一開始就有的，而是需要經過反覆自問自答，最後才能得出結論「這樣的答案就可以了」，背後或許也沒什麼特殊理由，直到能夠接受的答案出現之前，不停反覆提問，只有這樣才能找出答案。在持續模仿、學習形式的過程中，當自己審視世間的解晰度變高時，就能從自己與世界之間產生的分歧與違和感，而對答案有所覺察。

創業初期，我為軟木塞設立的任務是「傳達到讀者的心裡」，因為我還在出版社工作時，經常感覺到很難把作品傳達給眾多讀者，讓讀者理解這些作品，所以給自己一個新的開始。由於網路越來越普及，舊有的資訊流通管道逐漸崩壞，我發覺作家們精心製作的作品，並沒有傳達到讀者心中，不如乾脆利用網路，設立一個可以傳達感動給讀者的公司吧！雖然這是公司設立的初衷，但長久下來總覺得哪裡怪怪的。

「自己有將訊息傳達到他人的心中嗎？」

雖然每天都會這麼問自己，但是疑問和假設並不連貫，對於這樣的違和感，我仍然持續跟自己對話。然後在某一天，我突然有個想法：是不是必須先跟大家宣告我相信故事的力量？這樣的話，就會讓公司的同仁自覺，我們公司不單單只是把作品傳達給讀者，也要參與故事的製作；更進一步，如果不用「傳達」而是「改變每個人的世界」的話，就更能深入思考周邊商品與企劃活動。與其問「怎樣的商品可以傳達作品的思想？」，不如問「什麼程度的商品可以傳達作品的思想，並改變每個人的世界？」這樣一來，公司所想出的企劃內容就會更精進。藉由如此反覆自問自答，我自己本身以及軟木塞的價值觀也進化到可以作為北極星一般的衡量標準。

這個衡量標準若是捏得太緊，就會變得頑固、無法通融。衡量標準只是為了觀察現實世界的道具，而且有可能會隨著時間更新，如果能充分理解這個道理，就能讓衡量標準發揮引導假設的功能。

CHAPTER

觀察如何被扭曲

八種妨礙觀察的認知偏見

人們只看自己想看的：妨礙觀察的認知偏見

「我的敵人通常都是我自己。」在《宇宙兄弟》的某個場景中，六太說了這句話。只與自己相比，而不是和敵手競爭。一般來說，是這樣理解六太台詞的。

但若將自己腦中會產生偏見這件事情考量進去，反覆思考觀察，會覺得這個台詞非常深奧。妨礙自己正確認知這個世界的，正是自己的腦。這樣又該如何與自己相處或競爭？

我最近有個切身的例子，剛好很適合說明自己的存在會妨礙到覺察。

大家都是喜歡宇宙才一起工作的
大家都是「夥伴」不是很好嗎？

……
那麼你沒有敵人嗎……？

也不是……
與其說是沒有……

我的敵人
通常都是我自己。

《宇宙兄弟》第 11 卷

我有三個兒子。每當看到兒子們，我就會切身感受到遺傳的厲害，因為我兒子和我爸會做出一模一樣的表情，像是皺眉等小小表情根本如出一轍。明明沒有住在一起，為什麼這些表情會如此相像？而且是跨過我的隔代遺傳！總是讓我非常驚訝。

因為新冠疫情，我的線上會議變多，在會議中看到的自己不是照片，而是自己說話時的動態、表情，我才終於察覺到理所當然的事情：爸爸和兒子長得很像並不是隔代遺傳，而是因為我和爸爸很像，兒子又非常像我，僅此而已。

這麼簡單的道理，竟然花了我這麼多年才發現！雖然在此之前，就有很多人說我和爸爸長得很像，但我一直認為沒有像周遭的人說的那麼像。要不是把自己的動作錄起來看，實在看不出自己有什麼特徵。**把自己的存在也列入觀察對象中，不是一件簡單的事。我們既是採取觀察**

的主體，卻也有一部分是被觀察的對象，因此客觀觀察自己的存在相當困難。

這個事實也可以從其他例子中感受到，以「愛地球」這個隨處可見的口號為例，保護大自然很重要、控制二氧化碳排放量也很重要；這些其實都是為了人類所以很重要，而不是為了地球。從地球長遠的歷史來看，不僅是動物，就連植物都是後來才出現的居民。舉個極端的說法，地球過去有很長遠的時間，是被二氧化碳所覆蓋，對地球而言是自然的狀態，因為植物這個新的侵入者，四處在地球上排放氧氣這個毒素才演變成現狀，如果地球擁有自己的意識和喜好，對自己被覆蓋氧氣的現狀感到不愉快也不奇怪，從這個角度解釋或許也說得過去。

家裡很髒的時候，並不會覺得「家」很可憐，因為是自己把家裡弄髒的，只會為了自己所以把家裡打掃乾淨。如果對象是家的話，比較容易意識到自己的存在來思考；一旦對象是像「地球」這麼大的概念時，要客觀看待就比較困難。使用「愛地球」這類的口號，充其量只不過是把人類的感情代入地球，引起大家注意力的市場銷售手法。我想也有人會反駁「這是理所當然的，多數人都知道這個口號是愛護人類的意思」，但我認為有很多人無法觀察到口號背後藏著「想把地球弄得對自己舒適一點」的人類欲望，因為我們習慣把自己置身於觀察對象之外。

我把阻礙觀察的三要素稱為「眼鏡」，人們在無意識的狀況下，一定會受到「眼鏡」影響。要持續意識到自己戴著眼鏡相當困難，能否意識到眼鏡的存在，對觀察結果會有舉足輕重的差異。

「認知偏見」「身體與情緒」「前後關係」。

在三要素之中，特別容易扭曲觀察的眼鏡是「認知偏見」，雖然這是自己的信念或周圍環境等各樣要因，導致非合理判斷的心理現象，但人們要完全避開這個現象幾乎不可能。不論是誰，包含我自己都有某些程度的認知偏見，而且持續被影響著。

我和爸爸很像這件事，可說是我帶著「爸爸和我不一樣」的偏見去觀察現實，到最近才發現或許有「我和爸爸一樣」這個可能性而從中觀察，察覺的事物也就跟著發生改變。自己如何看待對象，就是認知偏見的其中一種，會對觀察產生完全不同的影響。

雖然我不是心理學者，但太想知道怎麼做才可以把認知偏見活用在觀察之中，所以查了許多相關資料。我認為重要的不是逃離偏見，而是要有自己容易受到認知偏見影響的自覺，無論在觀察事物還是做決定，都要意識到這件事。本章會介紹在認知偏見當中，容易扭曲觀察的幾個典型，再以能不能把這些偏見變成武器的方法為觀點，說明我的看法。

①證實偏見：擇善固執也能把偏見變武器

作為編輯的我，之所以能做出一番成績，我想是因為強烈的證實偏見，也可以說是反骨。因為有「想要成功」的堅強信念，所以可以一直努力下去，如果是容易被周圍意見左右的人，或許在取得成功前就先放棄了。在成功之前，能夠不把失敗當作失敗，就是成功使用證實偏見的人。

觀察不能欠缺「假設」，**在觀察世界時若帶著假設，就會一直發現符合假設的情報，其他無關的情報反而變得容易被忽視，就是所謂的「證實偏見」**。例如一旦對「宇宙」這個主題產生興趣，不論是逛書店還是瀏覽網站，都會不知不覺注意到相關資訊；但實際上，書店或網路上宇宙的資訊並沒有突然增加，只是大腦對於這個話題的關注度提高了而已。

在二〇〇八年我和小山宙哉考慮要開始連載《宇宙兄弟》時，一般人對宇宙的關注度不像現在那麼高，認為宇宙話題只侷限於少數人而已，不僅是遙遠的存在，而且宇宙相關的產業已經不會有什麼變化了，像這樣消極的看法並不少。但是我賭宇宙話題在日本一定會變得普遍、一定會有很多人喜歡，接著我自然而然地觀察到許多支持這個論點的資訊，抱持著絕對沒問題的自信，我提議製作以宇宙為主題的作品。

乍聽之下，或許會認為證實偏見不是好事，但這樣想有點可惜。我認為證實偏見也可說是一種擇善固執的力量，就因為我的證實偏見比一般人強一倍，才能製作出暢銷作品！在《宇宙兄弟》開始連載前，相信小山宙哉的才能這個行為，或許也可以說是證實偏見的功勞。

在看完小山先生應徵講談社Morning編輯部新人獎的作品後，我非常感動，覺得「這個作品要是放在書店，我一定會掏錢買下來！而且會感到非常滿足」。在新人選拔會中，也有人認為「因為作風有些獨特，會不會不好賣」，但我並沒有聽從前輩編輯的話，我認為會提出這種意見只是因為他們不了解作品的魅力所在。所以在選考會結束後，「想和小山先生一起創作！」這個思緒立刻湧現在我心中，因為按捺不住內心的興奮，我馬上搭乘新幹線前往小山當時住的大阪與他見面。

結果我們首度一起製作《晴飛得意》[1]這部以跳台滑雪為主題的作品，只賣了數千本，做為Morning新人的作品可說是慘敗。即使這樣的事實擺在眼前，我依然堅信「只不過恰巧這本書賣的不好而已，實際上作品本身非常優秀。為了讓大家理解小山宙哉的才能，要更加油」，我這麼鼓勵自己。

在與小山先生接觸後，發現他說話的內容或是方式，常讓我感覺到「和井上雄彥先生很像，這就是他繪畫才能的證明！」。小山先生在此之前，畫線的時候總是用手描而不用尺，因此我建議他「請試著用尺畫畫看漂亮的線」，結果他故意用美工刀在尺上割出刀痕，畫出波動的線條。對於這樣的行動或許有人會覺得他「既不率真，而且不好相處」，但我的感覺是「他不僅接受了我的建議，還在上面加上巧思，真不愧是真材實料的專家」，讓我更崇拜小山先生了。這一串內心的變化，也可以解釋為證實偏見吧。受到偏見的影響，讓我可以樂觀看待這件事，而且還與對方構築更緊密的關係，我覺得是活用偏見很好的方法。

我對平野啟一郎的想法也是一樣：我以平野先生是日本人最適合諾貝爾文學獎的人這個假設，擔任他的代理。對三田紀房先生也是同樣態度：在閱讀三田先生的《霹靂總教練》[2]時，便想要把其中的樂趣推廣到世界，而著手編輯《東大特訓班》。

在看到強化自己的假設的情報時，我不僅不會否定，還會更加信任

並好好使用。在與他人的關係之中，意識到使用證實偏見可以往好的方向發展，例如加深對對方的敬意，更進一步提高自己的熱情。即使途中碰到挫折，也能持續鼓舞自己「沒問題，一定會成功」。

知識反而會拖慢行動腳步

雖然證實偏見有時能成為武器，但當然也有「早知道調查得更仔細一點就好了，為什麼沒有冷靜傾聽周遭的建議」這種後悔時刻。在二十五歲以後，我學習了很多有關偏見的知識，也有意識到自己的證實偏見，因此有時會過於謹慎。即使蒐集了很多資訊，都指出自己的假設是正確的，但因為意識到證實偏見而產生懷疑，又繼續蒐集更多資訊。

因為證實偏見的影響，我覺得過度相信別人不是壞事；但如果是公司的事業，我仍然會擔心是否有自己沒注意到的風險，而會給自己多一些時間作決定。

過去的漫畫，因為是做成書來看，「橫跨左右兩頁、黑白」是理所當然的形式。但是在韓國，因為用智慧型手機看漫畫已經成為主流趨勢，被稱為「Webtoon」，「上下移動不需翻頁、全彩」的漫畫形式便成為創作中心。

但是用 Webtoon 來閱讀仍然以韓國為主，那未來的漫畫會如何發展？是日本「橫跨左右兩頁、黑白」的漫畫會繼續制霸，還是韓國「上下移動不需翻頁、全彩」的漫畫可以吃下市場呢？坦白說，我認為韓國有趣的漫畫不如日本多，雖然如此，但韓國漫畫的表現方式會擴展開來嗎？因為日本的漫畫非常好懂，照目前的狀態繼續發展下去是否沒問題呢？

如同手機遊戲剛誕生時，當時遊戲製作者對社群網路遊戲的批評一樣，我也對韓國的漫畫作了類似的批評。漫畫做成上下移動不需翻頁是不是比較好？開始研究製作方式會不會比較好？即便這麼想，因為（對日本既有漫畫抱持著）證實偏見的關係，又擔心自己高估 Webtoon 的價值，我對這樣的漫畫仍然感到躊躇不前。

到了二〇二一年，不只是韓國，對美國人、中國人等其他國家的人來說，閱讀上下移動不翻頁、全彩的漫畫是理所當然的事情；對於平常沒有看日本漫畫習慣的人來說，Webtoon 是非常自然的漫畫形式。

看到這壓倒性的差距，我確信這個潮流已不可逆，但我足足花了六年的時間，才承認這個事實，明明在軟木塞成立的二〇一二年，就看到了上下移動不翻頁漫畫的情報。當然，輕視這個現象背後的原因很複雜，像是無法捨棄自己成功的體驗等各式各樣的理由，但是自己過度在意證實偏見也是無庸置疑的原因，面對現實真的不容易做到。

現在的我不再認為日本的漫畫比較進步，乾脆轉換方針，參考中國和韓國作品的製作體制，並以工作室的形式，由多位漫畫家組成團隊共同完成一個作品。先完成上下移動不須翻頁、全彩的作品，再製作橫跨左右兩頁的漫畫。製作的順序和過去完全相反。

在進化的過程中會獲得偏見。因此我深切感覺到，重要的不是去否定，而是該怎麼使用。

1 本書無繁體中文版。日文書名：ハルジャン。作者：小山宙哉。出版社：講談社。

2 作者：三田紀房。出版社：東立。

②負面偏見：把悲觀化為準備的力量

在連載《東大特訓班》時，我調查了認知偏見相關的資訊，發現自己大幅受到負面偏見的影響。思考到未來的事物時，人們通常對「未來會變得正面」的期待抱持含糊的想像，但是對於「未來會變得負面」的想像卻很仔細。**明明無法武斷預測負面的事很容易發生，人們卻很容易對未來悲觀。與樂觀的情報比較起來，人們的注意力比較容易傾向負面的情報，而且這些情報也更容易殘留在記憶中，這就是「負面偏見」。**

在哲學家阿蘭的《論幸福》[3]中，有句名言「悲觀主義是一種心情，樂觀主義是一種意志」，說明人類容易受負面偏見的影響，而想要抑制悲觀，轉為樂觀思考則需要意志力。

在自然環境中生活，不知道哪個暗處潛藏危險的年代，悲觀有助於人類的生存。負面偏見能縮短判斷的時間，幫助人類快速躲避威脅。雖然現代社會比過去安全許多，偏見還是會產生作用，讓人陷入過度不安，並阻礙我們採取行動。特別是知識豐厚的人，更能清楚想像五花八門的失敗情境，因此更容易感到恐懼，還能有條理地說明自己無法行動的理由。

托爾斯泰在《安娜．卡列尼娜》的開頭寫著「幸福的家庭都是相似的，不幸的家庭各有各的不幸」，這並不侷限於家庭，人生也一樣。成功的姿態多半類似，然而失敗卻有種種可能：或許會發生天災、或許會遭遇事故、或許會缺錢、或許會死亡。在我們無法將思緒集中於現在，而是任意猜想未來的時候，腦袋裡很容易出現各種失敗的可能。

然而，講到負面偏見時，重要的是知道失敗的樣貌雖然眾多，但失敗的機率卻是另一回事。即使我們只能想像到1%的幸福情景，剩下99%全是失敗的情境，但失敗的機率卻不是99%。只不過是因為想到各種失敗的可能性，就會讓人裹足不前，不過一旦鼓起勇氣行動，反而可以輕易實現，甚至讓人意猶未盡。

所有發生的事情都是正確的

為了不受到太多負面偏見的影響，我會有意識地做一件事情：確保做到「事後回顧」。在行動前，充分面對自己不安的心，將這些不安記錄下來後，付諸行動，事後再反省回顧。如此一來，我發現「想像的不安」實際上幾乎都不會發生。

換個觀點，負面偏見也可以說是「準備的力量」。愛操心的人需要擔心的，不是自己容易想太多的個性，而是既然事前想了很多，發生意外時，是否有應對措施？事前預想好各種可能的局面，並做好準備。

在事情不如預期時，若無法接受事實，就容易採取過度保守的對應策略。我也常常因為這樣的自己而感到氣憤。

我二十幾歲時，早逝的瀧本哲史先生看到我氣餒的樣子，曾這麼告訴我：「清楚地知道『所有發生的事情都是正解』很重要。」當時的我不同意這個道理，認為將不正確的事情導向正軌才重要，但是在突發狀況的場面中，這句話總會在我腦海中閃過。後來，當我遇見無法接受的情境時，我會在心裡默念「所有發生的事情都是正解」，結果就能冷靜地發現，只是自己的成見讓人感覺發生的事情是錯誤的，便能很快接受現狀，思考接下來的對策。

最近因為練習冥想的關係，會聽僧人講道，僧人的建議是：不論發生什麼事情，都試著在心中複誦「就是如此」。我經歷的事情，世界上的其他人差不多經歷過，也沒碰過什麼特別悲慘的事情。人生就就是如此而已。為什麼會以為，唯獨自己可以諸事順遂呢？

一旦心裡念著「事情就是如此」，就能不那麼執著於眼下發生的事。我也養成在心中復誦「這剛好是個好機會」的習慣，把意料之外的事轉化成進步的契機。

利用負面偏見，事前設想種種讓人不安的事，就能確實做好事前準備；在正式上場時，理解「發生意料之外的事情是理所當然的」，享受現在的瞬間。如果能夠享受出乎意料的事情，就不會害怕行動而裹足不前。

3 作者：阿蘭。出版社：麥田。

③從眾效應：是不是人云亦云？

因為新冠疫情的關係，我搬到福岡。搬家的理由有很多，意識自己受到從眾效應的影響，也是理由之一。常聽人說「日本是個從眾壓力很大的國家」，不過我認為是日本的民族性容易受到從眾效應影響，這麼說會更精準些。

所謂的從眾效應是指，即使自己與他人的主張不一樣，但「因為大家都這麼說」，而轉而支持大多數人的意見。不管是什麼身分都不例外，即使是國家或企業的領導人，也會受到影響。但是大家的意見一定是對的嗎，那倒不一定。一直在研究從眾效應的我，有時也會發現自己身陷從眾效應的影響，而感到害怕。

設立軟木塞之後，我常與新創事業的創業家來往。這十年間，日本新創事業的環境變得很好，朋友的公司也陸續上市，和他們來往，可以受到許多正向刺激，其中也有人變成我的密友。雖然沒人建議我將公司上市，但是只要待在這個群體之中，我總會產生「上市會不會比較好」的疑問。

我沒有想要讓軟木塞上市，為了達成「藉由故事的力量改變每個人的世界」這個任務，我判斷現在沒有必要採取上市的手段。針對是否要上市的問題，我也曾經仔細思考過。即使如此，因為我置身於新創事業這個群體之中，同樣的問題自然會一直在我腦中來來去去。最後下定決心不上市後，有時還會覺得自己過於懈怠，但其實只是受到他人的影響。

不論是誰，都無法逃脫從眾效應。我們能做的事情只有盡量不受影響，想清楚自己真正想做的事情是什麼、為此應該把時間花在什麼事情上等等，不偏離核心目標而已。四十已是不惑之年，我想把時間花在深入了解自己是怎樣的人，因此我才會想改變居住地，搬家到福岡。

因為發現自己受到從眾效應的影響，我也開始注意周遭的人是否有受到影響。

創作常被人說是孤獨的工作。因為製作的環境沒有他人，所以可以創作出個性獨特的作品。以前漫畫家和編輯都是一對一的討論，在這樣的環境之下，也不容易產生從眾效應。但是，在軟木塞工作室裡，漫畫家們與他人組成團隊，共同完成一個作品，雖然是創作者，卻有可能受到從眾效應影響。當複數的人一起工作時，有可能因為從眾效應，做出平庸、而不是更好的作品。

除了工作型態之外，公司內的頭銜也會造成類似的影響。隨著年紀增長，在我當上社長之後，周圍比我年輕的人越來越多。雖然我一直都秉持「每位同事平等，都能自由發表意見」的心情發言，但組織裡卻產生從眾效應，不知不覺洋溢著「聽社長的意見準沒錯」的氛圍（下一段要說明的月暈效應也發生影響）。

為了創作驚世之作，所有人都必須提出坦率的意見，並磨合構思。那麼該怎麼做才能確保在場成員心理上的安全性呢？不論提出怎樣的意見，或是展開怎樣的行動，都不會被團隊否定其存在的感覺，就是心理的安全性。如果能感受到心理的安全性，自由發言，就可以掙脫從眾效應的束縛。最近我關注的不再是自己該怎麼掙脫從眾效應，而是該怎麼做才能讓團隊獲得心理的安全性。

④月暈效應：不被過去的「標籤」影響，只看現在表現

一旦偉人或名人站在眼前，人們常會認定對方的意見比自己的意見正確，不論是誰都會這樣，我也不例外，想不受偏見的影響是很困難的。軟木塞在創業之初，我有許多深刻體驗。

在創業不久的時期，很榮幸有許多人來應徵參加面試，一旦在其中出現在大企業上班的應徵者，心中就會有「喔，這個人可以喔」的想法。自己的公司才剛成立，還什麼都不是，竟然有人願意捨棄「大企業」的經歷，選擇來軟木塞工作。「如果是這個公司出身的話，應該沒問題吧」我就會這麼告訴自己。這就是被稱作「月暈效應」的典型偏見。

「月暈效應」也被稱作「光環效應」，是指在評價某個人或某件事物時，明顯顯示出被亮眼的特徵影響，從而讓其他特徵被扭曲。**前面提到的從眾效應，是根據在場的氣氛，認為周遭的意見比自己的意見正確的偏見，而月暈效應則是受到對方的權威、背景、知名度等影響，而扭曲判斷的結果。**

和現在比較起來，當時的我並沒有好好審視面試者的人格特質，而是受到對方履歷產生的月暈效應影響下，做出判斷。正確的審視過程，是除了這個人的能力，也該考量這個人是否適合目前公司當下的成長需求。世界上也有採用時完全不看對方的經歷來選考的潮流，這正說明不論是怎樣的人資專家，要擺脫月暈效應這個偏見，不受其影響，是很困難的。

環顧世間，也有很多因為月暈效應，誤信錯誤情報的事例，許多人都應該聽過「維他命C對預防感冒很有效」的說法。這是一九五四年諾貝爾化學獎得獎人萊納斯．鮑林這位學者所提倡的想法，實際上並沒有確實的科學證據。但是很多人卻堅信不疑，因為「諾貝爾得獎人說的話準沒錯」，製藥公司也乘機利用他的主張。即使到現在，這個觀念也被認為是真的，很多商品會特別標示「維他命C」的文字做為宣傳。即使知道是月暈效應的影響，依然會忍不住購買有維他命C的產品。看到這樣的現象不能不感嘆偏見的強大。

認知偏見會扭曲人類的判斷。因為月暈效應潛藏在日常生活的細節當中，要意識到是很困難的。就像面試時，詢問對方過去經歷是很理所當然的行為，自然很難注意到自己受到偏見的影響。

每次見面都是獨一無二，抱著開放心態觀察

月暈效應最大的弊病就是給對方貼標籤後，停止觀察。因為是大企

業出身所以工作能力很好，因為是諾貝爾得獎人所以說的話絕對正確。像這樣給對方貼上標籤，認為已經了解這個人，然後放棄付出努力觀察他人本質。

雖然學歷或地位是個很容易推測對方的情報，但是也容易讓人停止觀察。就好像是有人一旦知道我高中畢業於灘高，又取得東大學歷時，就會停止對我的觀察。這件事情一直讓我耿耿於懷。的確，在我還是受雇於其他公司時，也會因為「灘高、東大」的學歷而直接贏得信賴，得到好處。但是在我獨立創業、設立公司之後，想要以個人與對方構築關係時，學歷和新創事業創業者這個頭銜，卻變成阻礙，在與對方相互理解前，就在彼此之間築起了一道牆。

很多人以為我博學多聞，但是絕對沒有這回事。學歷顯示的只是在高中、大學應考期間，有好好的讀書這種程度的證明，除了在半年至一年期間的努力讀書之外，沒有提供其他情報。因為學歷造成的偏見，所以認為我精通各種事物，說話表達的觀點都正確。實際上，我不僅經歷過很多失敗，也面臨許多待人處事的課題。

針對這個情形，我是這麼想的：如果與人結識時，都用一期一會[4]的感覺來面對，就會讓人生更豐富。月暈效應會阻撓一期一會的思想。如果因為月暈效應，而在伙伴或員工之間構築了互貼標籤的關係，就會影響到創作。所以我會刻意瓦解對方「感覺佐渡島庸平知道正確答案」的印象。

以下是我年幼時期的體驗。在我念初中時，因為父母工作的關係，有三年在南非共和國度過。一九九〇年代初期剛好是時代的變革期，從曼德拉被釋放、戴克拉克廢除種族隔離制度，到曼德拉成為總統為止，這段時間我們在南非生活。當時日本人被視為名譽白人來對待，生活上無論是整理、打掃都由佣人包辦。從日本到南非，只不過是居住的地方不同，我沒有做任何的努力，卻得到完全不同的對待的方式。我深深感覺到自己生在現今的日本，完全是靠運氣。人類之間本來就沒有差別，人類皆平等，而我只是運氣好而已。在那段經歷後，我強烈地抱持這樣的想法來看待自己與他人。

大家常說我和有社會上有名望的長輩說話也不會覺得害怕。那不是我的性格所致，我只是希望頭銜與經歷不會影響自己的態度，並且不想因為偏見而草率地理解他人，避免受到月暈效應的影響，妨礙雙方平等對話而已。

最近，我很喜歡克里希那穆提這位思想家的著作，他曾說過這樣的話：「不要說『他是這樣的人』，重要的是說『二月時，他是這樣的人』。因為在這一年結束時，或許對方會變得完全不一樣。」重要的不是自己先入為主的觀念、固定觀念或意見，而是抱著開放的心態與人相會。看待他人，心中要抱持著「現在」的時間觀念來看待。透過網路查詢他人過去的發言或行動很簡單，然而我們無法斷定，他人是否始終抱持著相同的態度或行為，就算掌握過去的資訊，要觀察、理解、判斷他人的現況仍有一定難度。即使如此，我依然想要挑戰：認真觀察現在與我相遇的人。

⑤倖存者偏見：不要過度重視成功者的意見

就像擲骰子的時候，不知道會出現哪一面，也沒有人知道人生到底會變怎樣。成功的人，不一定是因為他的做法正確，也有可能只是運氣很好。不過成功者的意見一定有什麼特別的意義，會這麼想就是受到「倖存者偏見」的影響。

倖存者偏見是指，只著眼於成功者或成功組織的經驗、事例，而忽視了失敗者的經驗與事例。這個偏見不僅發生在成功者自身，也會對周遭的人有同樣影響。成功的人說話時，會認為自己的經驗非常有價值，而周遭的人也會認真傾聽。

例如邀請我接受採訪或是演講媒體也是如此。雖然很感激他們對我的想法有興趣，但實際上誰也不清楚我的努力或經驗與我現在所處的成就有無確切的因果關係，也很有可能是倖存者偏見這個眼鏡，讓大家認為我的話很有價值。

成功者所分享的經驗談，或許是倖存者偏見，心中抱持著這層理解，聆聽時不要全盤接收會比較好。同時，傾聽失敗者的話也很重要。在我知道這個偏見前，有時會跟別人分享自己成功的原因；但是自從知道倖存者偏見的存在後，便重新思考自己的發言會如何影響對方。

在我主辦的線上群組軟木塞訓練營中，成員間的關係也因此產生變化。以前我會認為來參加者是對我有興趣而來，如果有成員告訴我他的煩惱，我會盡量給出「我想這麼做會比較好」的建議。漸漸地，我發現自己的建議受到倖存者偏見的影響，對成員們不一定有幫助，所以我現在的態度就是不給予具體建議。

當然這也要看實際情況，有時候一句話或許就能讓對方的人生好轉，但是解決問題對他來說並不一定是最好的結果。我說的話，對方會如何理解？我提示的解決方案，對那個人而言是不是最好的？誰都不知道，這一點要經常銘記在心。

本書所介紹的內容，對我而言很有效，對讀者而言是不是一樣有效，老實說我並不清楚。「佐渡島是這麼想的，那麼我也來試試看」如果能夠像這樣權衡一下再進行閱讀，我想會比較好。對讀者而言，這本書也只不過是另一個觀察的對象而已。

⑥根本歸因謬誤：不該把問題發生的原因歸咎於個人能力

在教養孩子的過程中，我有時候會厭惡自己，那就是在罵孩子之後。「你在幹嘛！」用這樣的話斥責孩子後，我會反省自己做得不好。會意識到自己做錯，是因為這個做法會強化「根本歸因謬誤」的影響。

我有三個兒子，特別常被我責罵的是老大。因為他有嚴重的過敏，常因為不舒服就發脾氣吵鬧，或是捉弄弟弟。對於這樣的情形，一旦大兒子呈現不好溝通的狀態，我就會開出「想繼續待在家裡，就給我好好聽話」的條件，不然就是變臉或出手遏制他，藉由讓他感到害怕來控制行為。但是，當我冷靜下來回顧，其實老大無法克制自己情緒失控的時間點，幾乎都是在過敏很嚴重的狀態下。

明明是受到過敏的影響，我卻沒有仔細研究就隨便下結論：兒子情緒失控是因為性格的關係，照這樣下去，未來會很傷腦筋。這就是「根本歸因謬誤」的偏見所造成的，**實際上明明不是人格的問題，而是其他問題，結果卻把問題的原因歸咎於那個人的個性**。自從知道了這個偏見的存在，我在責備長男後，都會反省自己的行為。

根本歸因謬誤是一種會在工作場合頻繁出現的偏見。以前軟木塞的成員若不能按照我的期待工作，我就會追問他們「為什麼做事那麼不認真？」。如果認真在工作的話，有不懂的地方就應該會來問我。沒有照著這個模式工作，是因為不夠認真。就像這樣，我會將對方做不好工作的原因歸結到缺乏「幹勁」和「不認真」。實際上，軟木塞是新創事業，結構還不夠完整，也就會有很多不知道該怎麼做才好的地方。明明是公司架構有問題，我卻草率地把問題歸咎於個人的能力。每個人認真工作時的表現方式都不樣，有些人想要做仔細一點，看起來就會覺得很慢。

有幹勁的時候，工作的速度會很快，這不過是我的價值觀。用我的基準來測量他人的幹勁本身就不合適。

人們在發生問題時，很容易認為是對方的性格或能力造成的，但實際上當下的情境與在場的參與者也會產生影響，有時候光是改變一個規則，就有可能扭轉一個人的行動。就像開會時，有些人不太發表自己的意見。過去的話，我會鼓勵有想法的人就好好提出自己的意見；但是發表意見的時候，每個人心裡各有不同的門檻，說不說其實和有沒有想法無關。最近，我定了一個規則想實驗看看，那就是不論是怎樣的意見，「一定要提出一個修正的地方」。提出修正不是否定對方的意見，在訂立規則時有先達成這樣的共識。既然規則把提出意見變成了前提，會議的氛圍就變得很容易發言了。

在知道「根本歸因謬誤」這個偏見之前，對於無法提出意見的人，我總會把問題歸因於「想得還不夠，用腦袋再多想想」等個人的能力，反而讓我不去解決同事沒有積極發言的問題。最近的我不再會這樣想，我會看會議進行的樣子，觀察目前的規則有沒有發揮應有功能，再考慮下一個需要改善的地方。

在阿德勒心理學中，提出「其他人不是敵人，而是夥伴」將所有人視為共同體的想法。人們會動不動就認為問題出自對方，常常是因為認知偏見。本來大部分的人，都會想要把自己的長處貢獻給社會；但是優點的定義會因人而異，所以才會感受到他人的批判。因此，我想持續鍛鍊能夠感受他人的善意的觀察力。

⑦⑧後見之明偏誤、正常化偏誤：現代獵巫？

人們常常會輕易地就批評別人，並且帶著「如果是我的話，絕對不會這麼做」的自信。事實上，沒有人能斷定如果自己真的處於相同狀況，會做出怎樣的決定；但是我們卻會在事後說要是自己的話會怎麼做，很多時候都是因為「後見之明偏誤」所引起的。後見之明偏誤，是指在事情發生後，認為事件在發生前是可以被預測的傾向。

在這個社群媒體發達的時代，政治家的各種決斷以及應對，常常會在網路上引發大量指責和批評。但是實際上國家在施政上並沒有發揮個性的餘地，只能按照邏輯來下決策，所以幾乎都是相同的決策。因此，我認為在下決策時，決策者持有怎樣的資訊、握在手中的資訊品質如何、資訊蒐集的結構是不是最好的，對於這樣的框架抱持疑問，來進行改善會比較好。不只是政治家，像是企業甚至是個人，背地裡都有各式各樣的問題，如果不了解這些問題而去批評也沒有什麼意義。

當我還在出版社當編輯時，很喜歡在居酒屋一邊喝酒一邊暢談「如果某某書這麼做的話，明明會暢銷」「漫畫業界這樣比較好」。待年長一些，冷靜回顧自己的行動，才發現這只不過是後見之明，在安全地帶隨便亂講而已。如果再過個十年、二十年，自己還以這個心態高談闊論的話，實在是很難看。與其說如果是我就會怎麼做，我反而覺得承認自己做不到，大喊不甘心的人比較得體。有人問我為什麼創業，我想是發現自己受到後見之明偏誤的影響，講起話來一副得意的樣子，我無法忍受自己難看的姿態，心想不做點什麼實在不行，或許這就是我創業背後真正的心情。

網路上為什麼有大量酸民

在批評他人時，可能還有一個認知偏見發生作用，就是前面介紹的「根本歸因謬誤」。

人類觀察事物時，歸因謬誤會自然發生作用。當某人做出決策時，即使大多受到環境的因素影響，卻容易被認為是這個人的能力和意志在做決定。因此，他人在批判時，往往也不是針對環境而是針對個人做批評。

我覺得被媒體或社群批判的政治家、企業或是藝人，幾乎都可說是歸因謬誤和後見之明偏誤的受害者。這兩個偏見結合在一起，就成了「女巫」。就像是中古世紀獵巫在現代重現，只是型態上有所改變。過去是用火刑處死，現在是被媒體和網友們集中砲火攻擊，從現在的社會地位被拉下台。因為文明及律法的進化，這些人才不至於喪命。

若被批評者的意志與能力真的有問題的話，理應在女巫消失時，狀態就會獲得改善；但如果是環境或是結構的因素，社會就不會產生任何變化，媒體們則會再去尋找下一位女巫批鬥。在這個過程中，擁有擔任領導者的能力和氣魄的人，透過獵巫的過程被社會排除，社會上有能力的人就會漸漸減少。

常有人說必須和社群媒體好好相處，但我認為還不如好好和這兩個偏見相處比較重要。很多偏見對自己有很大影響，但是這兩個偏見反而是對他人的影響很大，自以為是正義的一方，而去攻擊他人。因為在社群上以正義之名進行攻擊時，多半是一群人都在批評，所以批評者很少會反省、察覺錯誤，也不會想要贖罪賠償。可想而知，日本曾經發生的藥害愛滋事件[5]、瑞可利事件[6]、活力門事件[7]等等，事件中的關鍵人物在網路上受到集體撻伐，但我認為都是後見之明偏誤與根本歸因謬誤的典型。媒體已經報導這些事件的來龍去脈，我也沒有其他內幕情報，只是就偏見的角度來看，即使是優秀的人、擁有立場的人，也不可能事前注意到所有徵兆，事後才指責這些人應該要事先預防，我認為都是忽略了偏見的存在。

還有正常化偏誤，這是人們在面臨異常事態時，為了防止恐慌，對無法預期的事情，不做過度反應的偏見。在碰到新的變故時，一般人因為正常化偏誤發生作用，不會採取特別的應對措施。所以我覺得因後見之明偏誤責備他人時，另一方面也是不容許對方發生正常化偏誤。

過去的人為避免這兩個偏見導致的錯誤判斷，造成社會群體同時撻伐特定人物，因而想出「妖精、鬼怪附身」一類的說詞作為犯錯者的代罪羔羊。想出妖精、妖怪、鬼怪的人，不，應該說是人類全體的睿智感動了我，竟然能想出這些說法。如果是因為被鬼怪附身而引起社會問題，那就沒有責備某個人的必要，如此一來就可以防止社會群體執著在檢討某個人的人格上。取而代之，演化出安撫鬼怪的儀式，一邊進行著儀式，一邊也嘗試改善組織或群體社會。

妖精、鬼怪的說法不是因為以前的人無知所產生的迷信，而是為了避免產生對立，在偏見之下守護成員們的集體智慧。這個智慧在以科學為正義的現代社會下被我們捨棄，總感覺像是失去了從偏見守護社會以及個人的方法。

我在知道歸因謬誤和後見之明偏見的存在之後，**在表達「這樣做比較好」的批判性意見時，會提醒自己只能套用於未來**。以前，對於已經發生的事情，我會說「這麼做明明會必較好，要是我的話一定會這麼做」，但是現在我會認為這是不負責任、沒有建設性的言論。

雖然人人都能以自己的立場自由發言，但是世界並不會因為帶著歸因謬誤與後見之明的評論而變好。我想人類有必要再發明能夠順應這個時代的「妖精」。然後，我同時意識到身為編輯的工作，就是創造故事，同時也有機會嘗試創造這個時代的妖精。

5 一九八〇至一九九〇年代，由於血液製品受到愛滋病毒汙染，導致日本約有一千八百名血友病患者感染愛滋病，並有約六百人因此死亡。事件起因為血液消毒業者不願耗費大量成本進行血液的嚴格篩檢所造成。

6 在一九八四年，日本人力資源公司瑞可利，贈送其子公司「瑞可利 Cosmos」的未上市股票給政府官員及通信界高管，一九八五年瑞可利 Cosmos 上市後，受贈者賣股總獲利約六億日圓。日本媒體於一九八八年揭發瑞克利的行賄行為，此事件才受到日本社會關注，並直接導致竹下登內閣倒台。

7 二〇〇六年，東京地方檢察廳與日本交易證券委員會，懷疑活力門（Livedoor）公司涉嫌偽造財務報表、違反證交法相關規定，強行搜查活力門公司總部及其董事長住所。此消息除了造成活力門公司股票暴跌外，而也引發股市恐慌性拋售的局面，恐慌局面維持四天後逐漸平復。

準備好面對現實了嗎

偏見也是人類為了生存下去，利用遺傳構築而成的偉大生物本能。為了盡可能在無意識間，而非有意識地思考下，迅速做出眾多判斷，透過許多世代遺傳累積而形成偏見。因此沒有全面否定偏見的必要，很多時候偏見也是正確的。為了把偏見當作武器，我學習有意識地注意自己的偏見。

為此，我使用「提問」的方法。接觸到新資訊，並且覺得這是好消息時，或許這是證實偏見也說不定。「我是不是只看自己想看的資訊」，我會對自己提出疑問，並嘗試蒐集相反的資訊。

當腦中充斥著負面思考且無法停止時，有可能是負面偏見。試問自己，是不是把壞事的機率放大評估，同時嘗試想像發生好事的機率。很多時候人們只會想到壞事的各種形式。

同樣的，在感覺到事情進展順利、沒有任何問題時，試問自己或許是正常化偏誤發生了作用，並調查周遭有多少異常事件正在發生作為確認。

自己的意見與大多數人相同時，或許是從眾效應發生了作用。在下決策時，回想是否有被別人的意見左右的時間點。並試問自己，有沒有在不知不覺當中，被周遭的狀況影響，做出配合周遭的判斷。

認為某個人很多才多藝的時候，有可能是月暈效應。人類因環境發揮才能，但不是萬能的才能。要問自己是不是給對方的優點過高的評價。

在聽取成功者的意見時，常常發生倖存者偏見的可能。所謂成功，很有可能包含了偶然與運氣的成分在內，此時要問這個成功者所講的內容是不是有再現性，什麼可視為成功、什麼是成功的要因。

在問題發生時，如果認為是因為某個人不好，便是根本歸因謬誤。如果當事人沒有惡意，而且不是問題的負責人的話，應該要想想問題發生的原因是什麼。

「明明這樣做一定會成功」，在想要這麼批評他人時，就是後見之明偏誤。這時候要問自己，如果自己身處同樣情況，能夠獲得哪些情報？在當下得知的事情，當事人所看到的光景是什麼？

在學習偏見的過程中，這些思考方式在我心中逐漸萌芽，在做判斷前會我先予以保留，每次都提出同樣的問題，並養成觀察自己思考的習慣。

未知的事讓人滿懷期待

不論是下判斷還是保留判斷，都是累人的事情。在動物的世界裡，一旦花太多時間在判斷上，便無法存活下去。肉食動物在一旁虎視眈眈時，能否察知危險、能否做出瞬間判斷，直接關係到是否能存活。活在現代的我們，很容易忘記自己是動物，但人類也是動物。如果要憑理智做出判斷，會花費過多的時間跟心力。因此，在無意識中，偏見會幫你判斷。

不過在現代生活中，人們不會被肉食動物襲擊，可是過去幾十萬年遺留的影響，讓我們仍習慣用偏見來做快速的判斷。對於「不了解的事情」或「未知」，會感到恐怖是人類的本能，使用偏見瞬間下判斷來緩和不安。透過判斷，把未知化為已知才會心安，然而未經觀察就做出判斷的話，長期下來可能會讓我們逐漸偏離現實。

在思考意識偏見時，我想起《駭客任務》這部電影。在電影中，被電腦打敗的人類生存在電腦操控的虛擬現實中，只有主角尼歐等少數的人察覺到這個事實。現實是人們被關在像培養槽的膠囊裡，並成為電腦的能量來源，大家在無知覺的狀態下，生存在假想世界中。得知現實的主角被迫做出選擇：「如果你吃下藍色藥丸，就能忘記一切回到過去的生活；如果選擇紅色藥丸，我會帶你看到真實世界有多不一樣。」

我們透過偏見所看到的世界，在「駭客任務」中就是在躺在培養膠囊中所看到的虛擬世界，結果尼歐吃下紅色藥丸。我也希望自己能夠成為吃紅色藥丸的人。去思考在現實世界紅色藥丸相當於什麼，我想也可以視為是提高觀察力的想法。

人類在無意識當中會只選擇自己想看的資訊，我認為這樣看到的資訊與現實相隔甚遠，甚至說是自己的妄想也不為過。在自己想看的世界當中，即使有波瀾也會在自己的設想範圍內，這樣活起來或許比較舒適。但是即使不舒適，我也想要讓自己一點一滴地往現實靠近，即便到最後或許現實並不存在。

在生活中，一條是他人或自己無意識之下鋪好的道路，不僅安全又可放心，一條則是還沒有被任何人發現的未知道路，每天都會發生出乎意料的事情與新發現，哪條路會讓你感覺幸福呢？

因為未來無法預期，人們會為此感到不安；反之，這個不安也可以轉為對未來的期待。理解偏見的存在與運作原理，把偏見當作武器，一旦做好面對現實的準備，即使看同樣的東西，不但不會感覺不安，反而會非常期待，我是這麼認為的。

CHAPTER

看不見的事物也要一併觀察

感受的分類與人際關係

我冥想時會一邊敲響法磬，一邊將注意力集中在法磬的聲音上；經常會被既簡單又複雜的音色吸引，法磬或銅鑼都是會發出簡單中帶有複雜，讓人湧現矛盾心情的樂器。我認為製做這種樂器的人，觀看世界的視角一定很有趣。

因為音符的發明，音樂中美妙的旋律得以被記錄下來。現在受歡迎的歌曲幾乎全部可以用樂譜來記錄與重現，我們得以傳承過去的音樂，並在此基礎上發展演進。演奏中有時存在著一些晃動的聲音，但是幾乎沒有人會意識到這些在音符外的聲音。因為樂譜的發明，聲音的觀察得以更進一步，解晰度也跟著提高，增加許多能觀察的細節，相對地也會讓人忽略樂譜上沒有的細節。

同樣地，科學發達讓人類觀察自然現象的解晰度提高，甚至能夠觀測到量子的程度，能夠說明的細節大幅增加。但是觀察看不見的東西的能力，我覺得反倒衰退了。在前幾章所提到的觀察對象，多半是看得見的事物。觀察看得見的東西，就某個程度而言，做法應該可以一再重現。反之，要觀察看不見的東西實在困難。

說到探求、理解、說明看不見的東西，我想「聖經」與「佛經」是最佳範例，搞不好目前還沒有能夠超越這兩者的著作。不論是耶穌還是釋迦摩尼，手中都沒有現代文明的協助，然而他們觀察的能力卻遠超過我們。雖然我寫著探討觀察的書，卻發現自己做的事只是以我的角度拙劣說明佛教五蘊的概念而已。一直以來，我們觀察的淨是人類的外表，觀察內心的能力，很有可能比兩千年前的人還差。

從教科書掉落出來的真實歷史──情緒

看不見的東西難以留下記錄，就算被記錄下來，後世的人也無法理解。但是，真正推動社會的卻是這些看不見的東西。

如前所述，我在中學時期因為父親的工作，曾住過南非共和國。當時正是南非這個國家的搖籃期：種族隔離制度結束，曼德拉這位黑人總統即將誕生。在初次選舉前，南非人很害怕會發生暴動或是下毒等等事情，甚至有很多人認為，選舉不是光明的未來，而是毀滅的開始，因而逃往國外。

在這樣的政治氛圍中，白人與黑人的歌手聚在一起唱了一首歌，只是唱著「喔，南非，美麗的土地」這樣簡單的內容，不論在電視還是收音機都常常能聽到。在我心中，這首歌超越了音樂，或許可說是一種祈禱，每次我聽到電視傳來的歌聲，就會感動落淚。

黑人候選人參加的首次選舉，任何事件也沒發生就順利結束，曼德拉也不負重望順利當選總統。之所以沒有發生意外事件，或許是警察在事前做了各式各樣的預防手段，但我同時認為選舉之所以能夠順利進行，是因為歌曲的力量。雖然完全找不到根據，但我相信所有聽了這首歌的人，都會想要守護這個國家吧。

可惜的是，不論我在網路上怎麼找都找不到這首歌，或許沒被留下來當作歷史的記錄。像這樣無名的歌曲，竟能將國人的感情凝聚在一起。即使僅有一天，大家都相信黑人總統的誕生可讓國家邁向更好的未來。改變歷史的不是理論而是「情緒」。

感情是推動歷史背後的力量。想像在歷史教科書的隙縫當中透出的情緒，會突然覺得學習歷史很有趣。因為情緒很難想像，就像卡在喉嚨的小刺一樣，讓我舉一位深植我心的歷史人物來作例子，就是西鄉隆盛。在西南戰爭時，西鄉隆盛是抱持著怎樣的心情呢？

一八七七年（明治十年），西鄉隆盛率領不滿政府的士族，發起武力叛亂。西南戰爭是日本國內最後一個大規模的內戰。為什麼西鄉隆盛會發起這樣的戰爭？明明武力懸殊，實在找不出他發動內亂的好理由。

在西鄉的心裡，「或許能夠成功」的機率到底有多少？面對充滿怨懟、失去生存希望的士族們，難道是為了幫他們準備葬身之地的心情嗎？還是希望藉由自己的死，讓不滿的士族消失，期待更好的日本誕生而死去嗎？對於一起完成明治維新的大久保利通，他又抱著怎樣的情緒。是怨恨嗎？還是持續著兩人之間才能理解的牽絆呢？

想像西鄉隆盛的心情、對政府感到不滿的士族的心情、大久保利通的心情，以及世間人們的情緒。雖然能夠想像自殺的人領悟瞬間將死的心情，但是難以想像西鄉隆盛慢慢接受死亡，並自行赴死的情緒。我想藉由觀察這樣的情緒，來理解歷史、社會和人。

其實不僅是歷史，就連現代人的情緒都很難讓人理解。在東日本大震災後，大家抱持著怎樣的心境？以怎樣的想法看待福島核電廠的事故？不僅是自己的感覺，日本社會全體又是怎樣的感受？有多少人能夠思考這些呢？

已經發生的事情可以依照時間劃分，但人的種種情緒卻會纏繞在一起，像是不安的情緒之中或許也會夾雜著些許的平靜或喜悅。像這樣的感情，在個人的記憶當中，會和不安綑綁在一起，然後被忘卻在歷史當中。

「真正的自己」並不存在——建立在人際關係上的人格

雖然看不見，但是我想觀察的對象，除了感情之外，還有「人格」。

一個人的個性不是單靠身體和心智構成，同時也是和周遭人際互動而形成的。最容易理解的表達方式就是平野啓一郎在《分人》[1]一書中，提倡「分人主義」的概念。

我們總以為哪裡存在著「真正的自己」，而別人眼中看到的則是「自己扮演的角色」。但是公司裡工作的自己、和家人一起吃飯的自己、和情人熱戀中的自己……都是真正的自己，這些不同的性格、形象（分人）們的集合體便形成了我這樣一個人。而且分人不是自己這個主體完全控制的，而是根據和對方的關係被引導出來的。也就是說，「我」的存在，是被他人引導出來的分人所形成的集合體。

平野先生提倡，如果每一個分人都是自己的一部分的話，那麼就去尋找感覺舒適的自己，然後增加這些分人，如此就能讓自己生活得更自在、更快樂。

在他的另一部作品《本心》[2]之中有個插曲，主角想利用VR[3]重現去世的母親，從「分人」這個角度去思考，可以得到很多的啟示。主角為了讓VR上的母親「像母親」，於是提供了自己持有的資訊，但是光靠這些資訊仍然無法讓VR像母親。那該怎麼做才能做到「像母親」呢？那就是在主角不知道的地方，讓VR體驗和母親的其他朋友間的互動。

透過這個故事，可知道平野先生認為「我」並不是僅靠與某一人的關係而成立，而是由和複數他人的關係所引導出來的分人們，將之統合的存在。另一方面，就像我們和朋友講話的樣子，如果被家人看到時會覺得難為情一樣，**人們不太喜歡讓人看到自己其他的「分人」，因此在日常生活中，要觀察對方的其他分人很困難。**

藉由故事，鍛鍊察覺看不見的東西的觀察力

從小我就喜歡看小說和漫畫，比起現實的體驗，有時我也會以故事

中的經驗為優先。大學時代即使有人邀我去喝酒，我也總以看書或看電影為優先選擇。回顧過去，我問我自己，為什麼會這麼做？明明現在會優先和朋友相聚的時間，為什麼以前是相反的呢？

觀察現實社會，解讀感覺或關係是非常複雜且困難的，對於大學時期的我來說，實在沒有能力做到。然而，小說或漫畫對於人際關係與感受的描寫非常直白易懂，雖然無法藉由對話進入他人的內心，但是藉由故事的表達手法就能讓讀者深入角色的內心世界。藉由故事，讓我鍛鍊察覺看不見的東西（感受與分人）的觀察力，也是因此才做好面對現實社會的準備。

觀察感受或分人的能力，很難在學校生活中練就，甚至可能因為學校教育而變得更棘手。在學校教育或公司所受的訓練是要與「感受」和「人際關係」做切割。我們被教育的觀念是，與其重視自己怎麼想，還不如忽視感受與人際關係，按照邏輯行動。在公司裡，比起重視人際關係、關照顧客及合作夥伴的態度，反而更重視對所有一切「機械式」的平等對待。作為資本主義工廠的一員，這樣會比較方便。

但是時代已經不同了，AI與網路的興盛讓知識得以解放，如今「文藝復興的時代」再度到來。所有的一切不再是機械式的處理，人類中心主義正在復活。比起邏輯，人類中心主義會優先關注感受與人際關係。

想要觀察看不見的事物，感受與人際關係就是必要的因素。這不僅對今後的世界很重要，在創作故事希望讓人留下記憶時，也是最重要的要素。因此，對於身為編輯的我來說，感覺與人際關係是非常重要的觀察對象。關於感受的專門書籍，有我和漫畫家羽賀翔一、以及預防醫學研究家石川善樹正在共同創作中[4]。至於人際關係，在慶應義塾大學研究溝通論的若新雄純先生寫的書，由我協助編輯[5]。因為本章把情緒與人際關係歸納在本章，說明上或許略嫌簡略，有興趣的人不妨參考這兩本書做深入探討。

……………………

1 作者：平也啓一郎。出版社：新經典文化。

2 本書無繁體中文版。日文書名：本心。作者：平也啓一郎。出版社：文藝春秋。

3 虛擬實境（Virtual Reality），是一種通過特殊設備和軟件創造出的仿真環境，讓使用者的視覺與聽覺可以沉浸在這個環境中，並與環境中的元素互動。

4 本書無繁體中文版。日文書名：感情は、すぐにをジャックする。作者：佐渡島庸平、石川善樹、羽賀翔一。出版社：学研プラス。

5 本書無繁體中文版。日文書名：創造的脱力。作者：若新雄純。出版社：光文社。

到底該不該相信感受？

什麼是感受？

雖然是簡單的問題，但是卻很難回答。如果就感覺被觸動時，腦內物質釋放的方式或身體的變化來說明，或許可以有些線索，但仍然很難清楚定義「感受」兩字。

字典中寫的定義則是：

❶心情

❷主要是愉快／不愉快等主觀意識的一面

翻成英語的話是 feeling, emotion, affection。

只要我們有意識，一定會帶有某些感受。但是，如果被問到現在是怎樣的感覺，卻很難馬上回答。更何況是三十分鐘或一小時之前，就算記得發生了什麼事情，卻無法回憶出當時的感受。儘管感覺是有意識的，卻常常「不是很清楚」，讓人覺得不可思議。

雖然貓狗寵物們也有感覺，卻和人類不一樣。植物和細菌也沒有感受。就身體的機能來說，有些動物的構造雖然比人類還複雜，但是複雜的感受卻是人類特有的性質，人類之所以成為人類，我想有一部分也是因為感覺的關係。

到目前為止，人們對於感覺有哪些理解呢？希臘哲學與佛教都對感覺有很深的觀察，例如佛教的四苦八苦[6]，就整理出在哪八種情況下會有痛苦的感受，可說是非常優秀的觀察。

但是兩千多年前的考察到了現代，幾乎沒什麼進展，只不過重覆同樣的議論。科學是以可以觀測的事物為中心而發展，實驗是以能夠重現的事物為重，但感覺不僅難以確立觀測方法，實驗的重現性也低。這大概是即使科學實驗技術在發展，感受卻無法成為科學研究對象的原因之一吧。

有關感覺的考察，訴諸古典可以蒐集到許多資料。例如在現代，很多人會把感性的人與理性的人當作對立的概念來看待，但是孔子在《論語》中提倡「從心」這個想法，「七十而從心所欲，不踰矩」。我對這段文字的解釋是「即使任由感情來行動，也能與社會和諧相處」的意思。簡言之，孔子的意思是感情和理性並非對立，最終是兩者的調和，他期盼自己的成長能達到這個目標。

另外，世間常言的覺察與安適，不也就是孔子所謂「從心」的狀態嗎？現代人也期盼著能在七十歲前，就能實現從心的狀態。

也有人認為感受是人類這種動物，對應外界環境最實用的感知器。和偏見一樣，感覺是在演化中獲得的生存機制，讓人類在面臨危機時就能夠透過感覺馬上做出反應。另一方面，雖然每個人都有感受，但能夠靈活運用的人卻不多。如果能夠好好運用這個感知器，並加上理性的輔助，就能和社會保持適當的距離感，維持長久的愉快狀態。

靈活使用感覺，或許是前往幸福大道的捷徑。為了達到這個目標，需要觀察感覺；要觀察感覺，就必須先建立假設，也因此需要最起碼的知識。在這裡為讀者們整理在理解感覺之前，要先知道的知識。

哈佛將感覺歸納為十二種

要怎樣才不會讓感覺控制意識，但也不需要扼殺情感，而是自由地隨著感受行動呢？

正面情感與負面情感

負面情感	正面情感
憤怒	幸福
焦躁	驕傲
悲傷	安心
羞恥	感謝
罪惡	希望
不安（害怕）	驚訝

首先來看看感覺是怎樣的東西、有多少種類。或許大家都聽過喜、怒、哀、樂，但在佛教通常會說七情，也就是「喜、怒、哀、樂、愛、惡、欲」這七種基本情感。

另一方面，哈佛大學的決策科學實驗室，則把負面的六種情感「憤怒」「焦躁」「悲傷」「羞恥」「罪惡」「不安（害怕）」，與正面的六種情感「幸福」「驕傲」「安心」「感謝」「希望」「驚訝」，合計十二個分開進行研究（歸納如上圖）。

要理解情感，首先要注意下述兩點：

- 情感是自己選擇，而不是被選擇的。
- 情感沒有好壞。

首先要說明的是：情感是自己的選擇，而不是隨意說來就來。原本感覺就是很難分析處理，卻又充滿人類長年演化累積的睿智工具。一旦能夠理解感覺，就能了解自己的現狀。**感受可說是自我察覺現在注意力集中在哪裡的工具**。

假設你現在感覺到生氣，這時可說自己的注意力集中在重要的東西被攻擊時的狀態。在偏見的章節中，我曾提過利用提問的力量，把偏見變成武器，同樣的手法在情緒上也是有效的。生氣時，可以試著這麼問自己：「你在保護的重要事物是什麼？」如此一來，或許會發現自己在無意識中珍視的事物。

此外，當受到暴力或言語以外形式的攻擊時，我們也常常會感到憤怒。在此時，如果試問「自己受到了怎樣的攻擊？」，就會察覺自己是對他人言行的哪個環節有反應。在這個當下，如果任由理智被感覺所支配，就會想要透過反擊來改變對方的言行。如果把問題拋給自己，就能改變自己專注的方向。**當你感到憤怒時，只考慮自己能夠改變的事物會讓事情單純許多。**

「不安」也是人們經常感覺到的情緒之一。不安可說是把注意力集中在自己無法掌握或是未知事物的狀態。如果是這樣的話，弄清楚自己所擔心的「未知事物」就能消除不安，只要想清楚問誰、問什麼會比較容易找出答案就行了。若能藉此窺見一些端倪，不安的感受或許也有機會變成令人雀躍的期待。

若能理解感覺，就能找出應對感覺的方法。各種不同的感受，是專注

各種感受的特徵

- 不安　專注於不知道的事物
- 害怕　專注於招架不了的事物
- 悲傷　專注於失去
- 憤怒　專注於在重要的東西受到威脅
- 喜悅　專注於獲得
- 平靜　專注於滿足

參考資料：鈴木伸一（2016）如何克服焦慮？第二十三回市民演講會

在特定事物的狀態，光是擁有這樣的知識，就能改變自己的行動。

「情緒只是為了迅速做決定的工具。」

「你的情緒是在無意識中，因為思考的習慣所做的選擇。」

其實並不是上述的這種情況，**把感覺想成是自己能夠自由選擇的事物會更好**。不是被情感襲擊，而是自己所做出的選擇。就拿失戀為例，如果把專注力放在失去對方，只會感覺到「悲傷」，但若能慢慢把目光朝向從此之後可展開新的人生，或許就有機會變成「快樂」

或「期待」。平常發生這樣的事情時，或許會暗自祈禱不會再有類似的事情發生，但是如果能改變自己專注的方向，感受自然也會有所改變。在上一頁我將幾個感受與專注在什麼事物的狀態整理歸納出來，光是把這些內容記起來，就很容易對自己的情緒狀態提出疑問與做出假設。

感覺沒有好壞

如果能夠理解感覺，理解自己是因為把注意力集中在特定事物上，接下來就能讓自己「選擇情緒」。對於發生的事情，並非只能產生一種感覺。放下「憤怒」，也可以感覺到「悲傷」，之後也可以感到「平靜」。

在眾多情感當中，沒有不好、不應該的情緒，一直感覺正向幸福也不見得就是好事，其實讓自己感受多樣的情緒更好。**唯一要避免的是一直沉浸在同一個情感當中，被這個感覺徹底支配**。就像所有的事物都有一種以上的解釋，如果只被一種情感支配，那麼解釋就會被固定成一種。所有的感受都是人類為了生存下去而發展出的重要情感，因此讓自己感受各種情緒會比較好。

也有研究顯示，在上述十二類情緒中，身處不同情緒時，人類對風險認知與情報處理的方式也會跟著改變。例如在感到「憤怒」時，人們往往會低估風險；在感到「不安（害怕）」時，則正好相反。當強勁的敵人出現在眼前，對這個敵人感到「憤怒」的話，就容易不顧後果，予以反擊；但如果感覺到的是「不安」時，就會高估風險，選擇逃跑。還有，在感到「憤怒」時，大腦會變得無法好好處理情報；反之，在感到「不安」時，大腦就會想盡辦法分析、找理由。

處於正向情緒時的狀態又會是怎樣呢？雖然正向情緒比較受人歡迎，但如果說只要感到「幸福」就夠了，其實也未必如此。因為「幸福」的情緒會讓人低估風險，在制定計畫時會不夠嚴謹；感到「驕傲」時，也同樣會低估風險。

就像上述的範例，即使接受同樣的情報，因為激發的感覺不同，處理的方式也會產生巨大差異，最終的決策也會截然不同。重要的是不要勉強自己去控制情感，最好先理解情感背後的成因，並注意不要因為情緒而扭曲自己對周遭的觀察。有了感覺的知識，就能觀察情感與行動之間的關聯性。

觀察自己的感受，如此一來，行動就會自然而然地改變。即使鼓起幹勁想要改變行動，有時也不那麼容易。還不如從觀察情緒開始，放下自己正在關注的事，自然而然在感覺改變時，行動就會隨之改變。感覺存在於心中，卻看不見，因此也容易被排除在觀察範圍之外。唯有把感覺當作線索，加上知識來反問自己，觀察才得以開始。

6 日文佛教用語，借用佛教八苦比喻非常辛苦的意思。佛教八苦分別為：生苦、老苦、病苦、死苦、愛別離苦、怨憎會苦、求不得苦、五蘊熾盛苦。

將感受再細分為「情緒」與「混和情緒」

為了更詳細把前面的十二類感受分開思考，我用情緒輪盤來做進一步的探究。情緒輪盤是心理學家普拉奇克（Robert Plutchik）整理出來的圖表，非常易懂。為了隨時讓自己能意識、觀察感受，我甚至把情緒輪盤設為手機桌面。

「感受」可分為「混和情緒」和「情緒」這兩個概念。只不過不論是哪一個都能與感受這個詞通用，因此很容易讓人感到混淆。關於感受的思考與研究尚未臻熟，從詞語還不夠精準確實這方面便可窺見。

首先，從「情緒」這個角度來看，它與前面提到的十二種基本情感很相似。情緒是一種本能和內在的活動，不僅人類，有些動物也會感受到情緒。當我們感受到情緒時，身體會產生反應，例如「憤怒」。當人們生氣時，血液流量會增加，體溫也會上升。雖然言語或表情可以隱藏憤怒的情緒，但身體反應無法消除。改變自己身處的場地或許能幫助舒緩情緒，但是一旦產生感覺，身體一定會有所反應。因此，情緒是與身體密切連結的。

另一方面，混和情緒則是人類特有的，指的是同時感受到複數基本情感的狀態，但沒有伴隨身體反應。有人些會以表情來表達混和情緒，但也有人表情完全沒有改變，心中卻有強烈的感受。不能說是因為無法觀測，就是沒有感覺。例如「愛」，愛是「信賴」和「喜悅」混合在一起的感情。如果要畫一條界線區分愛人與摯友，愛這種信賴與喜悅的混合感情，就非常合適。

即使故事中描繪了戀愛場景，有時候還是難以表達兩人真心相愛的感覺。有可能是因為故事情節只是傳達了「喜悅」或「信賴」其中一種情緒，而非同時感受到兩者。一旦對感情有更深入的理解後，若發現故事欠缺真實感，就可以回頭檢視是哪些情緒的表達出了問題。

那麼，你能說出「悲傷」與「感傷」的不同之處嗎？

悲傷是聚焦在失去的狀態上，心愛的人死了，人不在了所以感到悲傷。心愛的人死了，如果那個人還在的話，應該會說這樣的話吧，想到這個情境就覺得感傷。「感傷」是「悲傷」與「信賴」的混和感情。

普拉奇克的情緒輪盤

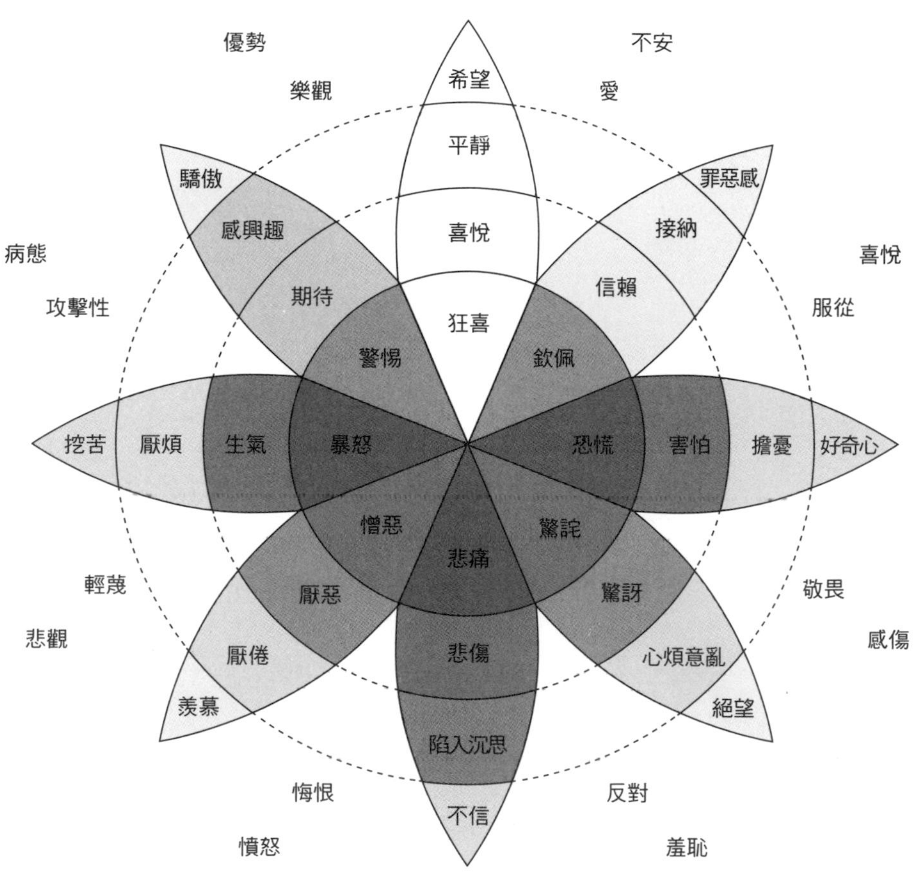

優勢
樂觀
不安
愛
希望
平靜
喜悅
狂喜
驕傲
感興趣
期待
警惕
罪惡感
接納
信賴
欽佩
病態
攻擊性
喜悅
服從
挖苦
厭煩
生氣
暴怒
恐慌
害怕
擔憂
好奇心
憎惡
悲痛
驚詫
厭惡
驚訝
輕蔑
悲觀
敬畏
感傷
厭倦
悲傷
心煩意亂
羨慕
絕望
陷入沉思
不信
悔恨
憤怒
反對
羞恥

解讀混合情緒的能力為何重要

在我心中，少年漫畫與青年漫畫的分隔線，就是描繪情感的差異。一般的少年漫畫，是以情緒的變化為中心來發展故事，在最高潮時，主角的情感會一口氣爆發，且使用全身來表現這份感情，是連小孩子也能輕易產生共鳴的故事。另一方面，青年漫畫描繪的則是混和情緒，光看角色的表情或台詞，無法具體知道他們的感受。例如丈夫死了，雖然妻子邊笑邊說「這下輕鬆了」，但是從她的笑臉，卻呈現很大的失落感，並讓人體會到妻子悲傷得哭不出來。我會以這樣複雜的情緒描繪來編輯青年漫畫。

與主角的情感產生共鳴，並隨著故事情節的推進，與主角一起體驗各種情緒的變化，對我來說是件很暢快的事情。我覺得理解混和情緒非常有趣，因為混合情緒發生在每個人的心中，從外界無法推測。從自己曾經驗過的混和情緒來類推別人的情緒，能做到的程度還是有限。因此我會想要詳細了解故事中的混和情緒，再把在故事中遇到的混和情緒，放在現實世界中觀察，並予以解讀。

我認為人類創作的作品裡，被裝填了各種混合情緒。解讀並接受這個混合情緒，不就相當於是接受他人贈與的禮物嗎。實際上世界到處充滿著禮物，但唯有鍛鍊好覺察能力的人，才能好好地接受贈與，將禮物拆開。在生活的環境中察覺看不見的混合情緒，正是接受這些贈與的方法之一。

因此，我會懇切地告訴一起工作的漫畫家，感受的重要性。有時也會請他們從普拉奇克的情緒輪盤中選擇感情，當作描繪漫畫的課題，看看每位漫畫家如何觀察感情，完成自己的作品。最近才開始一起工作的新進漫畫家一秒先生，畫了一部描繪情緒的漫畫。我想可以當作各位讀者的參考，所以一起收錄在書中。

〈生氣的時差〉一秒

在喝酒的聚會有人這麼說我
感覺矢口像隻「樹獺」
啊，我也這麼覺得ー（笑）
嗯，希望妳永遠保持這個樣子（笑）
是喔～
當晚
心中很不爽
說不定是在取笑我
大家還笑得那麼開心
覺得有點火大
啊，唉喲！！
坐起來
現在要說已經來不及了
好不甘心！！
這樣的事常常會發生在我身上

直到感到生氣為止，有時差
偶而有點遲鈍吧
8 小時後
感覺很不爽
很羨慕可以馬上生氣的人
你說什麼！
決定了
我要學會馬上生氣
但是
這傢伙小學的時候曾經尿過褲子
而且還是在運動會
真的有耶～
哈哈哈
數小時後
幹嘛說出來？！
火冒三丈
而且還是跟第一次見面的人還有「這傢伙」是什麼呀
結果
沒啥成果

矢口你的臉看起來好恐怖喔
我隨時在準備生氣
蛤？
如此這般
哇哈哈
有時差不是很好嗎
唉呦
性急的人很麻煩喔
焦躁不安
很容易搞壞人際關係
因為矢口很穩重大方
呆
所以大家覺得很安心
那也是優點喔
……!!
不可思議

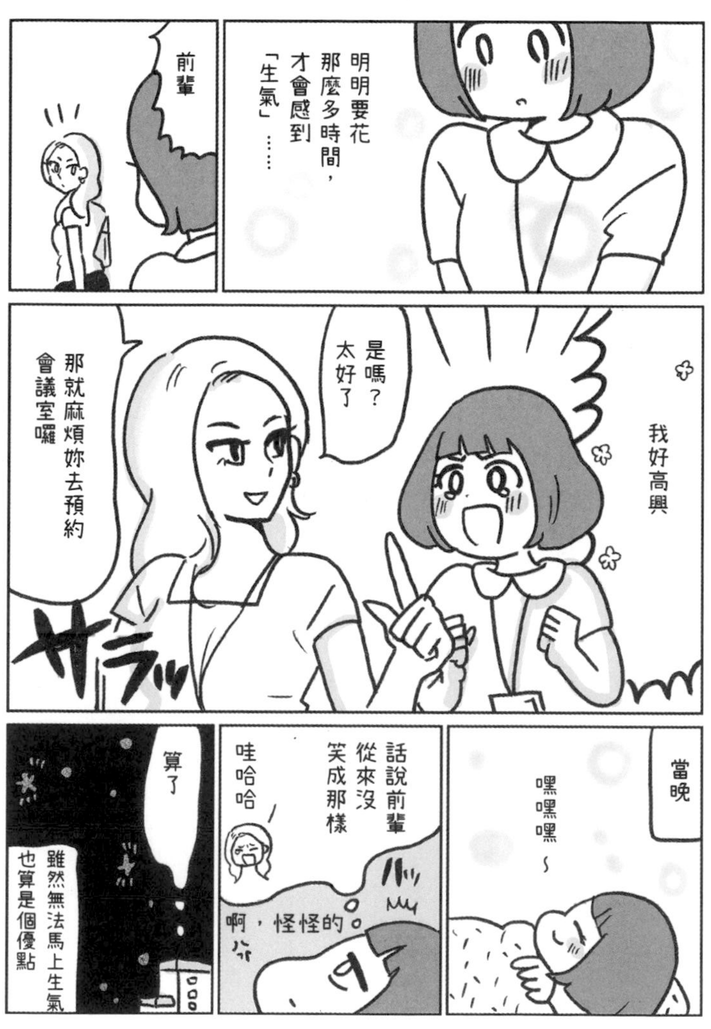
明明要花
那麼多時間，
才會感到
「生氣」……
前輩
我好高興
是嗎？
太好了
那就麻煩妳去預約
會議室囉
サラッ
當晚
嘿嘿嘿～
話說前輩
從來沒
笑成那樣
哇哈哈
ハッ
啊，怪怪的。
算了
雖然無法馬上生氣
也算是個優點

沒有所謂的「個性」，重點是與他人的「關係」

我是誰？

在玩像《勇者鬥惡龍》這樣的角色扮演遊戲時，玩家會努力學習戰鬥技術，讓自己持續升級。這個概念在現實也一樣，我們可以想像自己像那樣成長下去的姿態。

我和他人因肉體而被區分為不同的存在，我的肉體與記憶構成了我這個人，持續在成長演進也是我這個人。「個人」這個單位是確實且理所當然的存在，讓社會得以運轉，而且憲法會保障個人的權利、個性，並以不侵害這些為前提執行。在以編輯的身分工作時，我會注意作家的「個性」，學校的教育也教我們要重視每個人的「個性」。但「個性」

真的是理所當然的嗎？

夏目漱石的文學主題被說是「近代的自我苦惱」，雖然在此評論夏目漱石稍嫌魯莽，不過近代自我的煩惱，可說是煩惱作為一個人，該如何生存下去。老實說，我實在無法理解為什麼需要如此煩惱。煩惱的內容是什麼呢？「在江戶時代並沒有個人的概念，到了明治時代，因為近代西洋的理性主義進入日本，於是產生了個人的概念……」即使有這樣的說明，身處二十一世紀的我們仍然很難想像沒有個人概念的狀態。

我們活在「個人概念」對人人而言都是理所當然的時代，想要取得證照資格或學習新技能，都是因為對個人深信不疑，想從中發揮自己獨有的個性。考試時，人人都想盡可能地提高排名也是基於同樣的想法。經營人脈，也是因為將人際關係視為個人的所有物。以上這些案例，都可說是以個人為中心的想法。磨練個人所擁有的資源能力，好在社會中生存得更有優勢，但是「個人」真的是如此無懈可擊的概念嗎？

據說在中國，「信用評分」逐漸成為社會的運作基礎。信用評分是把國家對於一個人的可信度予以數據化，然後將購買履歷或支付能力、個人簡歷等資訊儲存下來。如果不是以明確的個人為單位，就無法產生這樣的指標。

不過講到這邊，我想先暫停從「個人的概念是理所當然」的角度來進行觀察。有句成語叫「近朱者赤」，可以理解為「人會受到他人的影響」。但是不是可以從另一個角度去解釋這個成語，這不就像前面提過的分人主義，「人是分人的集合體，沒有絕對的中心或真正的自己」。

如果真像分人主義所說，那我要觀察什麼才好呢？對於「我是誰」這個問題，會得到怎樣的答案呢？西班牙哲學家奧特加認為「所謂的我，是我與我的環境」。這個定義與分人主義非常吻合，所謂的環境也可以說是分人的集合體，而分人也可以說是自己與他人，自己與場所的關係。

人，不是單獨以個人而存在。個人的概念就像甜甜圈中間圓圓的空洞，人是處在周邊圍繞著與他人、場所的關係當中。如果個人是甜甜圈中間的空洞，那我們豈不是把無盡接近虛構的東西，視為確實存在的東西了嗎？

人，唯有在關係中才能發揮力量

唯有關係才是人的本質、人沒有一個絕對的中心，用這樣的觀點來觀察，就能稍微想像江戶時代的觀點，夏目漱石又是如何為此苦惱。一旦將觀察重點放在關係上，所謂的個人就不再是確實的個體，而是曖昧宛如變形蟲般，左搖右擺不斷變化的東西。關係一旦改變，個人的存在方式也會隨之變化。

像我從東京搬到福岡，不論是常去的地點還是遇見的人都有巨大的變化。搬家幾個月，我過去的經歷和技術沒有任何改變，從個人的角度來說，我可以說是原來的我；但若是就關係的角度來審視我這個人，則可以說現在的我與數個月前的我是完全不同的人。若要考慮自己的存在意義，我覺得把重點放在「關係」上是相當重要的。

我認識一位公司經營者，他的用人哲學是：新進的員工或主管即使沒有立刻表現活躍，也會觀察一年再做決定。因為他認為光靠個人的能力，是沒有人能夠立刻表現亮眼的。在新的工作環境，不論是建立新的合作關係也好，還是帶來幾位過去合作過的同仁都行，給予足夠的時間才能讓員工建構出能帶來成果的關係。所謂個人的工作能力並沒有辦法完全決定工作成果，必須在關係中才能夠發揮個人的能力。

FFS 理論 5 因子的意義

A：**凝聚性**	即使情報不夠充足，也沒有明確的自信，仍能做出決定。
B：**接納性**	希望對周遭的人有幫助，以大家是怎麼想的為優先。
C：**辨別性**	不會馬上下決定，想在蒐集充足情報後做出判斷。
D：**擴展性**	重視對自己而言能不能得到新知或成長。
E：**保全性**	重視對自己而言是否安全，能否將損失降到最低。

參考來源：人類邏輯研究所股份有限公司 Five Factors and Stress（FFS），開發者－小林惠智博士。

在我所帶領的軟木塞，首次來上班的員工要接受「蓋洛普優勢測驗」與「FFS 理論」這兩個診斷測驗。導入這兩個測驗，能讓我更全面的觀察員工。「蓋洛普優勢測驗」是為了理解每個人的強項，測驗中將人的強項分為三十四個，了解自己的強項是哪幾個就能善加利用，可說是了解自己的工具。

而 FFS 理論，則是可以診斷出自己與他人的合作關係中，如何發揮自己的強項，同時也可察覺與人際關係有關的觀點。藉由此理論，讓我觀察的對象從個人擴展到關係。然而說觀察「關係」，該觀察什麼、怎麼觀察才好，一開始我實在找不到頭緒。即使從社交軟體中知道誰與誰有聯繫，仍然難以觀察到關係的本質，此時 FFS 理論可以給予一些建立假設的提示。

FFS 是 Five Factor & Stress 的縮寫，而其中的 5 個因子分別是「A：凝聚性」「B：接納性」「C：辨別性」「D：擴展性」「E：保全性」。FFS 理論本身詳細的解說，我以這本書籍《宇宙兄弟與 FFS 理論告訴你，你所不知的優勢》[7] 來做說明。

我的因子數值是「凝聚性 17、接納性 15、辨別性 14、擴展性 11、保全性 2」。這個數值與考試排名不一樣，表達的並不是我多優秀，而是為了拿來做參考，預測和怎樣的人一起工作，才能發揮我的強項。

我凝聚性的數值比其他因子還高，意味著有自己獨特的講究與價值觀。也就是說，如果與接納性高的人一起工作，那個人很可能願意協助我實現我的想像，並同時能發揮彼此的強項；如果與接納性低的人在一起，反而會覺得彼此很頑固，甚至有發生衝突的可能性。

擴展性則是偏好嘗試新事物的因子，保全性則是偏好在既有的架構中精益求精。若是推行一個全新的企劃，最初的嘗試通常會由擴散性高的人進行，再由保全性高的人完善整體的規則架構。擴展與保全在長期的企劃中則是互補的關係，彼此的強項都能好好發揮。如果是短期企劃的話，則是同為擴展性高的人、或同為保全性高的人一起合作比較好。

將注意力放在「應有的狀態」而不是「做什麼」

《宇宙兄弟》是一部非常詳細描寫人類關係與情感的作品。故事中的主角六太，並不是因為自身的能力傑出優秀，才能夠解決接踵而至的難題，而是在與周遭的人相處互動中，能夠引導出自己的能力，與周圍互動的能力正是六太的魅力。

即使在封閉環境中、即使個性互相衝突，六太也能把太空飛行候補人員各自的魅力引導出來。然而新的團隊成立時，又得從零開始。在「Jokers」這個一起停留在月球表面、都是怪咖的太空飛行員團隊中，六太為了發揮能力，必須和其他的太空飛行員構築良好的關係。六太透過建立關係，發揮自己與周圍能力的模樣，在漫畫中被詳細地描繪出來。

人如果要發揮自己的能力，必須要處在關係之中，所以人才會為人際關係而煩惱。一個人之所以能夠展現自我，與其說是他的能力，還不如說是他的人際關係。在現實世界中發揮能力，與《勇者鬥惡龍》一類的電腦遊戲不一樣，遊戲中的主角只要記住咒語，之後碰到同樣的課題都能隨時應對。然而能力不是像那樣固定不變的事物。

許多故事是由接二連三發生的事件所構成，然而，我覺得真正好的故事，是描寫人與人之間的關係，從人物之間的互動顯露出角色的特性。身為編輯的我總是在思考一個問題：漫畫家該如何觀察人與人的關係，並且應用在自己的作品上呢？我的習慣是會先預設有「個人概念」作為前提來進行觀察，結果反而無法好好地觀察人際關係。如果將注意力放在個人上的話，就很容易會去看他「做」的事；若將注意力放在人際關係的話，就會去觀察人與人「應有的狀態」。但是該怎麼做才能觀察「應有的狀態」呢？我的腦中還沒找到任何線索。在我寫的第二本書中，把宇宙兄弟中太空飛行員艾迪所說的「We are lonely, but not alone」這句台詞當作標題，我非常喜歡這句台詞，我也反覆想了好幾次這句台詞背後所隱含的意義。這句話雖然簡單，但是要完全理解、解釋它的含意，卻很困難。

「我們是孤獨的，但不是一個人。」我們的知覺會受到肉體與腦的限制，即使看到藍色，未必會同樣感覺到藍色。即使與他人在同一個空間，人與人的心靈也不是隨時都能互相了解，就這意義來說我們是孤獨的；然而與此同時，我們又存在於各種人際關係之中，因此不是一個人。這句艾迪的台詞，與這個段落的主張非常相近，而且也很貼切。

7 本書無繁體中文版。日文書名：宇宙兄弟とFFS理論が教えてくれる あなたの知らないあなたの強み。作者：古野俊幸。出版社：日経BP。

組員們
好像開始
感到不安了
但是
沒關係，
大家
都知道

我們是
孤獨的
但不是
一個人
We are lonely, but not alone.

We are lonely, but not alone.

《宇宙兄弟》第 31 卷

CHAPTER

與未知共存

放棄追求正解，保留判斷

觀察是與本能對抗的行為

Epoché。這是在高中倫理課出現的希臘哲學用語，雖然記憶不是很深刻，但還記得這個字的發音，聽起來總覺得呆呆的，意思是「保留判斷」。為什麼保留判斷要特別用這個字來表達？而且好的判斷不是應該果斷執行比較好嗎？有關課堂上講到epoché的內容我早就忘得差不多了。然而，最近我的腦中一旦有事，「epoché」這個字就會像布穀鳥的叫聲一般，響個不停。

我們從媽媽的肚子出生之後，對世界處於全然無知的狀態，因此大人要保護小孩、教導小孩，而人們天生會有欲望想要學習、了解更多知識。我們聽別人說話時，會點頭附和，是為了讓對方了解我們知道了。當被問及「知道了嗎？」，對方期待的答案是「是的」，而不是「我不懂，請再說一次。」「這有知道的必要嗎？」這樣的答案。在日常生活中，我們總是為了早點讓自己了解更多事物而努力著。我們拼命的學習，想要了解更多知識，是為了在必要時刻能夠做出好的決策。我們都希望成為判斷力優秀的人。為了提升判斷力而蒐集情報，期待從商管書籍中學習更好的決策方式。

在我心中，如果發生「知道了」的瞬間，就會響起epoché的聲音。「知道什麼？」「怎樣的狀態」「為什麼會想要知道？」問題不斷，一個緊接一個冒出來。如果世間真的有青鳥（據說找到青鳥可以讓病痊癒實現期望，源自於法國童話），生活會變得多輕鬆啊。青鳥、得道開悟、中樂透，這些都是幸福的絕對象徵，人們認為如果能夠擁有這些事物，就會變得幸福。但沒有人知道一定能得到這些事物的方法，正因為沒人知道，所以人們能夠持續一生在追求幸福。對我來說，epoché是放棄追求絕對的事物。我想藉由epoché這個字，提醒自己透過觀察來實踐

「不執著於追求青鳥的人生」。

「學習」有兩種

在這裡我試著把「學習」的行為分為兩種：

❶學習技能，並在「無意識」的狀態下運用

❷把已經習得的技能，在「有意識」的狀態下實踐

學校教育和一般的學習多為❶。許多人所關注、討論的學習方式，都是希望能讓❶的學習更有效率。在《東大特訓班》這部漫畫中所傳達的，也正是怎麼做才能有效率的做❶的學習。漫畫中主張，在填鴨式的學習環境中，奠定基礎學力是最重要的。

如果想鍛鍊觀察的能力，就我的觀點會認為做好❷的學習更重要。這或許與最近在日本常聽到的「unlearn」（放棄學習）的方法很類似，

就是有意識地決定是否放棄所學的東西。為了放棄，必須先理解自己的偏見和情緒，再進行觀察。

如果❷的學習稱為unlearn，那就只會在learn（❶的學習）後才會發生。也就是說沒有經過❶，就無法到達❷的學習狀態。然後，❷就會在保留判斷的時候，也就是前面曾提到「epoché」的時刻到來。在第3章曾說過，為了察覺自己的偏見，「提問」是有效的方式。提出問題後，會為了回答問題而先進行觀察，此時就會發生「保留判斷」而不做決策的情形，那麼本來可能是無意識情況下做的行為，就會轉變為在有意識的狀態下進行了。

因為我們只會在有意識的狀態下思考，所以往往低估了日常中無意識行動的比例之高。但很多反應都是在無意識的狀態下發生，**人類的本能也驅使我們練習在無意識的狀態下行動，並將之轉為習慣。**

就像我們在駕訓班學開車時，如果要轉彎，一開始會有幾個標準步驟，像是仔細檢查左右，會不會撞到人，下一步才轉彎。在習慣開車後，前述的確認步驟並不會被省略，只是會在無意識中執行。也有人說「習慣開車以後，才是最危險的」，因為在無意識的狀態下，往往會遺漏一些必要的過程，但也因為是無意識的習慣，所以自己不會發現。

在做運動訓練時，也會做許多模擬動作，例如揮拍、步伐練習等，也是為了要在無意識的狀態下活動身體。如果每次動作前都要用意識來確認，在正式比賽時就會來不及反應，腦也會因為過多的工作而感到疲乏，便無法持續處理新情報。把重複使用的反應交給無意識、偏見或感情處理，就能為腦袋騰出思考的空間，進而觀察一些不同於日常的事物。接著再如第2章所介紹的步驟，從直白的描述開始，進行徹底的模仿、並且學習形式，像這樣一步步學習，最終就能「把動作放在無意識之下」。因為已經知道了、學會了，就可以在無意識中進行判斷。無意識的判斷不會有做決定的壓力，而且也無從追究這些判斷是否正確。

透過學習，在無意識的狀態下能進行的事情，不只有身體方面，計算、思考方法亦是如此。世間俗稱的「直覺」和「品味」，其實都是把思考放在無意識之下來進行評論，在無意識之下的東西越多，越容易想到各式各樣的假設。累積同一領域中大量的知識或經驗後，在無意識的狀況下，假設就可能會浮現。

人類有知道的欲望。即使一個問題沒有完全正確的答案，也會希望自己站在接近正確的一方，跳脫不確定的狀態。不論是偏見還是情緒，都是在無意識的狀態下進行的行為。人類的本能就是儘可能在無意識的狀態下行動，引導人們在大腦「自動駕駛」的狀態下生存。

然而，我所認為的觀察，是把這些本來在無意識下進行的行為，轉為有意識的決定，也就是說觀察是抵抗本能的行為。觀察已知的事物，並放下判斷或行動，就會讓自己的世界變成沒有正解的世界。

身處局勢不明的世界中，會讓人感到不安，人需要勇氣才能讓自己持續處於這個狀態下。但是身處混沌的狀態下，可觀察世界萬物，也可觀察自己的情感，然後聽從自己的內心的情緒。這便是我憧憬的生活方式，同時我也在思考如何讓自己習慣以沒有正確答案的狀態來品味這個世界。

「絕對」的反義詞是什麼

我想鍛鍊觀察力，並不單單是因為想知道正確解答，而是為了讓自己處在不明的狀態，即使不知道答案也無妨。

在第1章曾提到「好的觀察會引起問題和假設的無限循環」，當無限循環發生時，就永遠不會有知道正確答案的情況。即使現階段認為「我知道了！」，但根據好的觀察，緊接而來的就是下一個「我不知道！」，一旦發生好的觀察，未知的狀態就會自然而然地持續下去。

好的觀察不會找到絕對正確的答案。

再以《宇宙兄弟》的故事做為例子，這部作品詳實描寫故事中每位人物的人生。在反覆閱讀故事的過程中，讓人不禁思考不同的人生。我漸漸發覺自己已經不是在編輯作品，而是透過作品回顧人生，並將感受到的事物傳達給作者小山先生。

弟弟日日人擁有確切的夢想，直線朝著夢想邁進。另一方面，哥哥六太雖然有能力，卻總是猶豫不決、常常陷入煩惱，無法堅定地朝夢想前進，可說是迂迴曲折的人生。

但遭遇困難時，日日人得了恐慌症。擁有確切具體夢想，沒有猶豫的日日人，一旦碰到自己能力無法超越的障壁，便無法調適。然而對什麼事情都保有不確定、懷疑的六太，不管遇見怎樣的困難都能處之泰然，即使乍看之下似乎沒辦法解決的難題也能趨吉避凶。

JAXA
所以絕對要去宇宙，還有月球
我絕對要去！
絕對……

好的，謝謝，真是狂熱啊～
哥哥呢？

啊
我…我啊
能去的話就去

喀咚喀咚
……

就算六太不去，我也絕對要去宇宙

……

你是……
那個
日日人吧
從以前就輕易地
把「絕對 絕對」
掛在嘴上

但世界上
沒有「絕對」
的事

………

是吧
世界上或許
沒有「絕對」

咦
但是沒關係

因為在我的
心中有

《宇宙兄弟》第 7 卷

羅患恐慌症的日日人，放棄做NASA的太空人，雖然身為日本人，卻成為俄羅斯的太空人重新出發。當日日人心中的絕對標準消失，接受了未知與不確定性的狀態後重新振作，這段故事帶給我很大的啟發。

絕對的相反並非「相對」而是「不確定性」，這是溝通論的研究者若新雄純先生教我的。若新先生時常往來於福井與東京，到底自己住在哪裡，是福井人？還是東京人？也可說是處於不確定的狀態，可以刺激思考，所以他也推薦我搬到首都外的地方。我之所以會搬到福岡，其實有很大幅度受到若新先生的影響。

在剛成為經營者的時候，前輩曾推薦一本書《基業長青》[1]給我。

> 高瞻遠矚公司不受這種「非此即彼」的思維所限制，而是敞開心胸接受「兼容並蓄」的觀念——能同時接受幾種南轅北轍的情況。不是非要在A或B之間有所選擇，而是設法魚與熊掌兼得。

——詹姆・柯林斯、傑利・薄樂斯《基業長青》

如果反覆用「非A即B」的思維做決策，公司不會越變越大。如果只能兩者擇一，公司的規模就會一直是維持現狀，要以「A與B都要」的想法做決策才行。

乍看之下有些強人所難的這個思想，也是一種不確定的邏輯。如果認定答案就是A或B其一，視野就會變得狹窄又絕對，然而若要追求兩者兼得的可能性，視野會瞬間被迫變得開闊且充滿可能。在首次讀這本書時，我的理解是要大家發明實現魚與熊掌兼得的構思，而今我的解讀則變為要大家追求更大的可能性。

……………

1 作者：詹姆・柯林斯、傑利・薄樂斯。出版社：遠流。

不確定性的思考方法，我認為不僅是個人生活方式的追求，同時也符合當今的時代。

多樣化且不確定的世界

十九世紀的倫敦萬國博覽會是工業化社會的象徵。在此之前的商品，因為都是量身訂做，理所當然個個不一樣，但是一旦邁入工業時代，商品便會被要求標準化。萬國博覽會便是向世界展示最高標準的場所。

人人都想要過標準的生活，擁有自己的房子、車子、各式各樣的家電、在假日出外旅行，為了過這樣的生活，就會想要取得高學歷、進入有名的公司上班。要怎麼做才能讓自己達到這個理想標準呢？如果標準生活這個「正解」既明確又絕對的話，只要下工夫，要有效率地追求也有可能，但我們卻錯把為了讓工業化社會、資本主義社會成立的正解，當作自己人生的正解而不斷追尋。

生活在數位時代，人類已經無法消化這些過量的資訊。因此為了追求效率，我們的大腦會習慣將現實世界的資訊化繁為簡。電腦及網路普及後，機器人或AI可以大量處理情報，代替了人類使用人腦所消化的資訊。人類從中獲得的時間，讓社會全體有更多餘裕面對自己的特色與不確定性。

就好像LGBTQ+[2]群體自古就存在，但是當時的社會環境並沒有餘裕去理解這些人們，只以男女這樣簡單的二元概念排除不確定性，讓社會可以運作下去。即使當事者們心中並不認同，還是得壓抑著自己的情緒，配合社會的規範生存下去。

在現實世界中，到處都充滿著不確定性，只是如果以社會共有的常識或規範來看，就無法注意到與眾不同之處。現在的社會越來越多樣化，人們也逐漸能夠接受，雖然可以理解，但是一旦要親自實踐，用一般的方法卻行不通。現在的社會仍然處於標準化與多樣性之間，也就是變化的時期。

不論是學校教育還是工作，一般來說都認為「理解能力好」是很不錯的能力。「懂事明理」「理解得很快」「領悟得很快」，都是在這些場合常常出現的稱讚。如果工作目標有固定的標準，人們就需要反覆執行同樣的事，工作內容也會逐漸被定型。「理解能力」在標準化的工作中有很高的價值，因為能夠迅速掌握正確的步驟，就能迅速作業。工作完成時，只要檢驗成果，是否理解工作內容就可一目瞭然，而理解工作的人甚至還可以替不解的人評分。

在學校教育，所謂「理解」意味著知道基本作業的步驟，只要知道，就是理解，在社會中就有價值。不論是司法考試還是醫師國家考試，國家各式樣的證照資格，都是為了確認是否理解。因為網路的普及，貶低了知道的價值，理解的價值也一起跟著下降。反而在不確定的狀態、不理解的狀態之下，知道如何思考、行動的價值反而相對的提升。

但是，在學校和工作養成的思考習慣很難捨棄。我記得自己剛進大學沒多久，教授講過這樣的話：「十八歲的你們，是世界上最保守的一群人。因為你們的腦子裡塞的盡是教科書上寫的『理解了』的這些事。但是在思考革新的事物時，必須不斷學習『不理解的事』。大學這個地方不是教你們已經知道的事，而是一起學習不知道的事。」

我一直將這些話放在心上，但還是無法停止追求「理解」。作為編輯，把書賣出去就是最簡單明瞭的正解。為了獲得走向正解的道路，我做了各式各樣的嘗試，不斷地追求正解。我四十歲時，曾思考為什麼論語會說「不惑」，我一直認為是：在生活中找出的正解不會讓自己感到困惑。後來我突然意識到，或許有另一種解釋：正確答案或許是A、又或許是B，即使這樣也不會感到迷惑。意味著不一定要找出正確答案，而是接受「不了解的事」的存在，所以不會感到困惑。停止追求正解，持續面對無解，就是不惑，孔子認為這是在四十歲左右才能到達的境界。

身為編輯，做的書能夠大賣是結果但非目標的正解。接受不確定，面對不理解的事，讓自己放下目標。只要專注在面對不理解的事，接著發生的事，都是這個面對方式所產生的結果。觀察結果，改變下一次面對的方式，不需要把結果當作目標。

「理解」並非完全理想的狀態。如果能夠遠離「理解」，再來觀察世界，就能看到截然不同的世界。

追求正解與停止思考的詞彙

在會話中的「理解」也是關上溝通大門，拒絕對方的詞彙。如果在對話時，回答「我了解了」，話題就不會再繼續下去。即使對方還有話想說、還有事情想要交代，也會就此停止。「了解、了解」如果有人這麼回答，你心中可能會浮現「才怪，絕對不了解」的想法，相信不少人都遇過這種焦躁的經驗。在日常對話中，所謂「理解」大多是為了結束話題的場面話。

在我學習如何指導他人後，知道不能輕易使用「了解」這個詞，有時會傷害對方。如果告訴正在傷心的人「因為我也有同樣的經驗，所以很能理解你的心情」，對方可能會覺得「你的經驗和我的經驗又不一樣，你怎麼可能理解我的心情！」反而停止對話。原本是想要進一步交談，表達同感的話，卻產生完全相反的效果。

「了解」這個詞，是因為自己先關上門，所以對方也不得不跟著關上自己的門。當情緒還沒好好整理前，自己還沒想清楚該怎麼做的情況下，如果有人說「我了解你的心情」，就會產生被拋棄的感覺。連自己都還不確定的心情，別人居然先說知道，自己怎麼能接受？

持續處於不了解的狀態，思考就不會停止。觀察後，建立假設，然後發現疑問，持續這樣的循環。如果常常這麼想，就會發現除了「了解」以外，日常生活中還有很多常用的字眼都會讓思考停止。了解的時候被放在一旁，在沒經過慎重思考的狀態下放著，有著這樣作用的詞語們。

乍看之下謙虛的詞語，也往往會造成思考停止。由於過度追求正解，如果認為很難找到正解很難時，就有可能會假裝視而不見，逃避問題。

就像「棘手」這兩個字，很多人在說棘手的時候，明明單純是沒有經驗而已，卻先入為主認為做不到而輕易放棄。「很難」「加油」這些詞也會讓思考停止，聽起來就像是在宣布要放棄觀察似的。在停止追求正解，而是尋找各種讓人心服的可能性時，「很難」「加油」這些話是不會出現的。

放棄追求正解，是很難實踐的事。從我和兒子補習班的對話中，我才發現自己也沉浸在追求正解的狀態中。我在編輯《東大特訓班》時認識了高橋正伸先生，我兒子在他的「花丸學習補習班」補習。小學二年級的次男在補習班接受作文指導時，老師有跟家長做說明，希望家長「盡量不要糾正小孩子漢字或標點符號等遣詞用字的錯誤」。因為作文的重點是傳達「自己的感情」，而非正確的用字遣詞。

或許有些人會覺得錯誤放著不管不好，但是遣詞用字的錯誤並非作文本質上的錯誤。作為父母要糾正錯誤是很簡單的，但是遣詞用字的錯誤，會隨著年齡逐漸修正，沒有孩子會把自己小學犯的錯原封不動帶到成人階段。

做父母的一旦仔細糾正錯誤，孩子就會以寫出毫無錯誤的作文為優先，一旦孩子將沒有錯誤的作文當作目標，就很難讓他們在作文中表達情感。因此不要糾正細微的錯誤，而是把注意力放在寫作的情感中，讓他們能夠充分抒發自己的感受。

這個經驗讓我充分體會到自己多麼沉浸於正確解答中。過去如果有人犯錯，我認為給予糾正是一種「親切」。若是處於不確定的世界當中，即使是錯誤的事情也不需要在意。當事人會透過觀察修正的循環自行察覺，屆時自己改就好了，他人沒有必要干預。

2 性別認同與性取向多元化的群體，由以下六種英文縮寫組成：「女同性戀者 Lesbian」「男同性戀者 Gay」「雙性戀者 Bisexual」「跨性別者 Transgender」「對其性別感到疑惑者 Questioning」「更多的無限可能 +」。

「做」與「存在」

一旦置身於尋找正解的狀況中，常常會被「做」牽絆。做什麼才好？該怎麼做才好？自己想做什麼呢？一直想著這些事，反覆地自問自答。藉由累積「做」一些事情去實現夢想。就連還沒有到來的假日，也都會想著「到時候放假要做什麼？」，我們總是思考著要「做」什麼。

「做」又有「做之前」和「做了之後」，可以用開始與結束區隔。「所做的事情」也容易觀察，「做的事情」是不是正解，也可以事後判斷。所謂接受不確定性，就是不將注意力放在做的事情上。做的事情只是「存在」的結果，也就是說接受不確定性是觀察「如何存在」，思考有關「存在的方式」。

不論是養育小孩還是培育作家，過去的我總想著要為他們做些什麼。因此，當錯誤產生時，指責對方的錯誤是非常自然的行為，而且我也會認為自己做的是正確的事。而且當自己想要做什麼來影響對方時，對方不能不為所動，我也會告訴對方應該要有所變化，這也意味著自己不信任對方。如果信賴對方，就沒有必要替對方做什麼事情，更不會要求對方改變；如果真要做，也會當作贈與，在對方察覺不到的情況下來做。

我認為重要的是自己為了對方該如何「存在」，而不是為對方做什麼，或能做什麼。一旦將思考放在「存在」，就會發現「存在」當中沒有開始也沒有結束，只有「存在」這個狀態而已。如果置身於尋找正解的習慣中，就會拘泥於過去與未來。然而，接受未知就可以只看現在，自然而然就能專注。

我一邊寫著這本書，一邊暗自高興自己的思考到達與過去不同的境界。在過去，「接受未知」「存在」「專注現在」「放下目的」對我來說都是不同的事。但是從開始寫這本書後，卻讓我發現這四件事情緊密的連結在一起，只是從不同的角度切入而已。

未知的事物要如何觀察？我一邊寫著這本書，一邊思考這個問題，對於自己能到達這個地步，我感到非常充實。截至目前為止，我寫過三本書，卻一直到這本書才初次體驗因為寫作而更喜歡自己的感覺。雖然這本書快接近尾聲了，但是我發現大多數讀這本書的人，會覺得讀起來很慢、有些跟不上內容，但我認為閱讀就是這樣，寄託在詞語中的知識與情感，就像餘燼般慢慢散發著熱量，接受熱量的人必須花時間，等待知識與情感的轉移。

未知四象限

溝通研究者若新先生在我思考未知、不確定性這個主題時，提供許多協助。接下來讓我用若新先生研究的「未知四象限」來做更詳細的介紹。

象限的橫軸兩端，是「未知」與「絕對」；縱軸兩端，則是「創造」與「模仿」。「未知×模仿」歸為第一象限，「絕對×模仿」為第二象限，「絕對×創造」為第三象限，「未知×創造」為第四象限。

第一象限「未知×模仿」與第二象限「絕對×模仿」

首先來看看第一象限「未知×模仿」。所有的學習都是從這裡做為起點。在這個象限什麼都不瞭解，處於未知的狀態。想要脫離這個狀

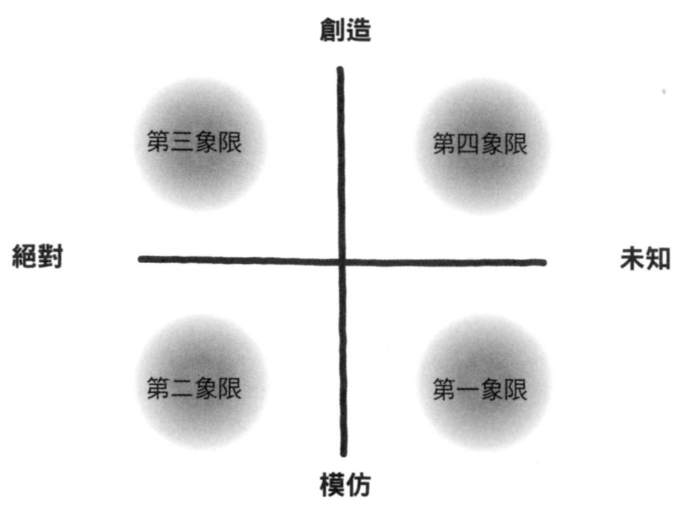

態，有效的手段是模仿。透過大量模仿，讓身體在不用思考的狀況下把形式記住。練習到在無意識的狀態下能夠實行是最好的。

對需要準備考試的學生來說，教科書上的內容則是「絕對」。需要經過多次反覆學習，將內容確實背誦起來最重要。在這個情形觀察的對象是「看得見的事物」，嘗試從第一象限移動到第二象限。不僅有絕對，在此仍然可以模仿，而且被模仿的事物重現的可能性也高。在第二象限學習的內容是符合邏輯的，能將學習的事物確實重現是最好的。

第一象限、第二象限與資本主義的規則相當契合，因為金錢是能夠用來測量的絕對標準，在資本主義之中，能用金錢作為價格衡量是交易成立的關鍵。在這個象限，誰很「厲害」，馬上就可以知道。有沒有學會絕對，也可以用測驗測試出來。因為有絕對的標準在，只要行動越多、累積越多經驗，就能看到顯著成長。

要從第一象限移動到第二象限，必須背誦很多事情，並接受測驗。先完成的人也能指導後進者。至於會不會、懂不懂也可以用分數衡量，可說是追求絕對正解的價值觀。蘋果、豐田、UNIQLO、麥當勞、可口可樂等偉大的企業都可說是第二象限的象徵，製造出iPhone、Prius、刷毛服飾等標準的商品。這些都是擁有可以一再重現複製的產品。製作可模仿的標準商品的公司，在第二象限之中非常活躍。奧運也是決定第二象限頂尖人物的祭典。依靠時間和得分決定勝負的各項運動，依照規則拿到金牌就是絕對的頂尖運動員，非常簡單明瞭的世界。明確的規則是第二象限的世界觀。

另外補充說明，在第二象限「做」是目的。教導大家要做什麼、該怎麼做的商務書籍在第二象限非常有用。在這個象限，最好是朝向「絕對」直線前進，因此信念與自信會成為勇往直前的武器。為了在這個象限活躍，偏見也可以成為重要的武器。想要帶著速度，全神貫注去努力，可以善加利用第 2 章曾提到的證實偏見，增強自己想要學會新事物的心情。

第三象限「絕對×創造」與第四象限「未知×創造」

所謂的「創造」，在字典的定義是「製作新的、或有獨創性的東西」。什麼是新的、有獨創性的東西？在現在這個時代，充斥著太多的東西與概念，而且幾乎所有產品都是從舊產品改良升級，要創造出真正的新東西並不簡單。

但我認為**帶有每個人獨有的「情緒」與「實際感受」，就是一種「創造」**。**也就是說，「創造」並不是天賦異稟之人的特權，人人都可以創作**。如果能好好觀察「感受」這個看不見的東西，就能創作。從第一象限要前往第二象限，背誦是必要的，也就是熟記形式。從第二象限前往第三象限，則需要理解、活用「感情」與「偏見」。

為了離開絕對，接受各式各樣的價值觀，必須停止在無意識的狀態下用偏見和感受做判斷，而且要保留判斷，並且嘗試觀察事物原有的樣貌。在這個象限沒有「成長」這回事，以前做過事情和這次想要做的事該怎麼連結起來，沒有人會知道。對於要創作的內容，無法在事前取得標準。

結果會怎樣演變，自己也不知道，所以得嘗試看看，一期一會的想法就會油然而生，而重視每次偶然的相遇。若置身於第三象限的世界觀，或許可將人生比喻為旅行吧。另一方面，如果是第一、第二象限，人生的世界觀就如同雙六[3]。

在第三象限中，重要的不是「做」而是「存在」。在現今的社會中，每個人都希望自己生活得「幸福安康」，要達到這個境界，可以透過增加第三象限、第四象限的領域，與此同時，第一、第二象限並不會消失。要是世界上沒有第三、第四象限存在，大家多少會感到苦悶，並期待生活與世界有所變化。若要說資本主義的極限，我認為是僅僅在第一、第二象限就希望能涵蓋這個世界。

若是被侷限在金錢這個「絕對」標準下，交易就變得很重要，而且在每次交易前都會先意識到性價比。如果偏離性價比這樣的絕對標準，就會變得像捐贈或群眾募資，究竟用錢交易到的是什麼東西也不清楚的行為。打賞與捐贈的行為之所以逐漸增加，我想也是這個象限的世界觀正在逐漸在擴展的佐證。

在這裡個象限中，引起我注意的是「緩運動」，這是廣告代理創作家澤田智洋先生發起的活動。策劃活動的契機是因為澤田先生的小孩有身體殘障。一般來說，運動是在嚴格的規則下，運動員們透過競爭證明誰的能力較強，然而緩運動則是由「如何使用身體，並享受運動樂趣」的概念轉變而成的活動。在緩運動中，勝敗並不重要，就算沒贏，只要動到身體，獲得不同的感受，並享受到運動的樂趣就可以了。雖有明確的規則，但是勝負卻很不明確，簡直就是與當今時代相呼應的遊戲。不去決定優劣，每個人都有各自享受運動的方法。

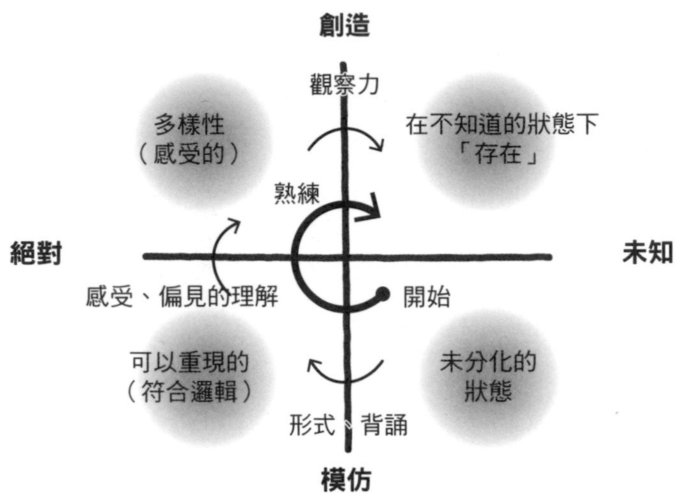

今後是個娛樂的時代，同時也是個注重感受的時代，無論是遊戲還是電影等提供娛樂的公司，都逐漸增加在世界上的影響力，迪士尼、Netflix、Sony等企業的存在感也將會與日俱增吧。第三象限的娛樂，觸動情緒將成為重要的關鍵。平野啓一郎在《「帥」是什麼》[4]一書中指出，很多人都沒有意識到自己情緒的細微變化，因此哭泣、起雞皮疙瘩等淺顯易懂的身體感受很容易被重視。當今不論是電影，還是書本的文案，都充斥著傳達哭泣、大逆轉、驚奇等激烈情感的宣傳文字。

創作者也可以善用第三象限來創造讀者會有強烈感受共鳴的內容，在這個象限，創作者展現的是自己「知道的事」：朋友死了會感到悲傷，夢想實現會覺得高興。把第二象限的世界用感受表現的作品會被視為好的作品，而不單單只是符合邏輯的作品。因為有著「絕對標準」的事物已經在第二象限產生了共鳴，所以在第三象限重視的則為有更多意涵的「感受」，就好像創作者被採訪時，會回答「希望能給讀者帶來活力」般，創作的背後是有目的性地針對特定感受。

把無解、未知原封不動傳達出去

我想成為怎樣的編輯？

做出暢銷、全世界都在看的作品？如果是這個結果，我會為此高興。但是最近的我，卻認為這不是我做編輯的最終目的。我想要編輯的作品，是把「無解」的事原封不動傳達出去的作品。

人類往往抱持著自己無法處理的問題而活著，也就是我所謂的「無解」。然而也是有人會撇開心中的「無解」，只把注意力放在現實當中，追求生活的快樂。但是，我認為如果要讓自己的生活更上一層，就需要盡情品味這個「無解」。而且無論是科學、經濟、宗教、哲學等，人類的大部分研究，都是為了用各自的方法去闡述某些無解。

在藝術領域，特別是文學，則是將「無解」的事物「原封不動」的描寫下來，試著讓觀看者貼近抱持著「無解」的人。文學作品會將故事人物糾結的體驗與感受，原封不動的轉移給讀者。人生只有一回，如果一輩子只用自己的觀點來品味人生，非常令人感到遺憾。我認為品味文學，就是為了反抗「人生只有一回」的行為。閱讀作品時，與其單單只作為接受者來品味，不如多花點時間去理解作家，與作家一起摸索無解，感受會更加深刻。

我從哪裡來？未來該朝向何方？

在我在南非唸中學時，爺爺過世，我沒能見到他最後一面，也沒參加他的葬禮。當時的我沒有特別的感覺，只是覺得好久沒和他見面了。南非的日文老師因受事件牽連被殺身亡，當時的我覺得她只是比預定提早回日本，所以沒有跟我們打招呼。

死亡到底是什麼？為什麼這個人會想要花時間和我相處呢？

如果是這些簡單的問題，應該可以找到可以合乎邏輯的答案：因為很快樂、因為工作、因為沒辦法，可以有各式各樣的理由。但是這些答案沒有解決我內心最底層的疑惑，只好在混沌未明的狀態下，持續面對，進行觀察。然後將觀察得出的結果、無解、不確定性，原封不動地帶進故事當中。故事本身很直白，怎樣的主角面臨怎樣的課題，大綱很明確，也沒有什麼不了解的地方。但是清楚地把主角感到無解的事物傳達出來，就會讓讀者獲得勇氣，知道即便如此我也能持續前進。

好的故事描寫抱持著無解問題活著的人物，這正是描寫現代人類的生活。我認為好的故事可以讓讀者藉由人物在故事中的經驗，拓展讀者對無解問題的理解與體驗。因此，我希望持續用故事的方式，將各種體驗傳達給讀者們。

在資本主義社會中，可以被取代和被評分的作品不斷的產生，要如何才能做出這個範圍之外的作品，又能在社會上安穩富足的生活呢？在以第二象限為中心的社會中，往第四象限前進時，該把重心放在哪裡才好呢？這是我現在所面對的問題。軟木塞創業將近十年，公司的目標到底是什麼？如果用文字來表達大概就是上述所說的內容吧。

3　一種類似大富翁，擲兩顆骰子，依據骰出的數字前進，最後到達目的地的桌上遊戲。

4　本書無繁體中文版。日文書名：「カッコいい」とは何か。作者：平野啓一郎。出版社：講談社。

〈不去測量的勇氣〉角田呼

從閱讀獲得知識之後……
嗯嗯
我竟然不知道這個角色活了下來
好不甘心啊
不過現在知道就好了……
想到有些人一輩子都不知道這個
我是「知道」這邊的人，就在我恍惚的瞬間
咚
從背後被襲擊
是在意知不知道的惡魔
ゴオォォォ
嗚

你對你自己的屁股
也不怎麼了解

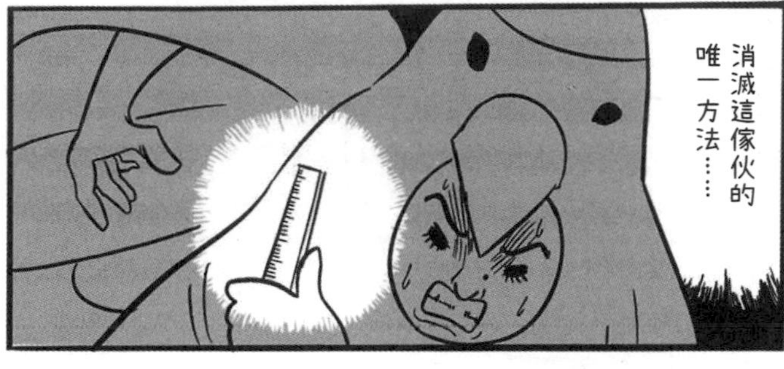

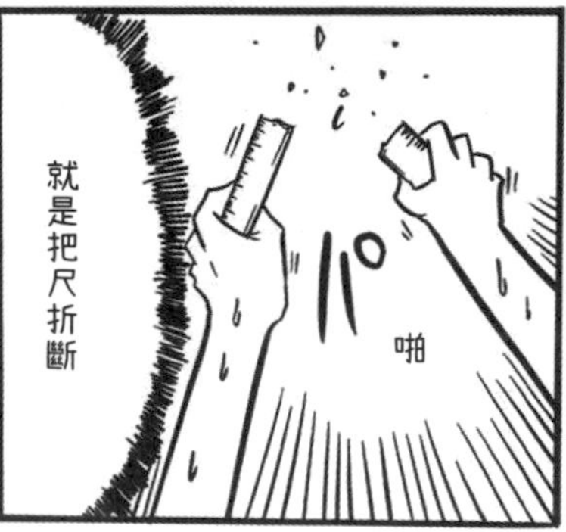

知道新的資訊之後，認為「似乎可以測量」的時候
這是哪裡
要有不去測量的勇氣
看起來好像知道卻不知道的東西
菇類嗎……？算了，還是不要去追究
不清不楚抱著睡覺就好。

觀察是愛

要做出好的觀察，必須意識到自己的偏見等等，前面寫了很多我的看法與建議。寫到這裡，我還察覺到對觀察而言最重要的東西。

那就是愛。

如果對觀察的對象沒有愛，觀察時就不容易全心投入；只要有愛，即使會花不少時間，也能心甘情願好好地、仔細地觀察。而且如果能用心觀察，對這件事情的投入程度就會變得更深。

持續觀察，不輕易地做出判斷，會需要很多時間。因為不做判斷，所以沒有止境。但人們總是想要立刻下判斷，以便展開行動，並促進變化的產生。如果要忍住不做判斷，就必須信賴著觀察對象。以孩子為例，不要輕易地用孩子目前的行動去判斷未來，因為未來有很多可能性，所以可以保留判斷持續觀察。能夠忍住不做判斷持續觀察，是因為我們對孩子抱持著愛。

好的觀察不是「做」，而是觀察對方的「存在」。「做」會產生結果，有了結果就很容易做出判斷，反而不會仔細地觀察。若想要觀察「存在」這個還未有定論的狀態，必須花很多時間相處，而且在這段時間，不要「做」任何事情，只是好好觀察即可。

換句話說，沒有度過一段空閒、無具體產出的時間，就沒辦觀察虛無的「存在」，而「存在」的觀察，是觀察不斷動搖的人與人的關係，是持續觀察無限延伸的「是不是什麼」，觀察那個人正在看什麼、做什麼。

因為觀察的中心是「空」，持續觀察其周遭的事物，就是虛無的觀察。

我想到大學時曾上過與詩詞相關的課，當時講師曾說過一段讓我很意外的話：「你們害怕死亡吧？為什麼會想要熱衷的去參與某些事呢？一旦熱衷，死亡就會瞬間到來喔。無聊的話，反而能充分享受活著的快樂喔。」無聊才能盡享人生，這是當時我無法理解的概念。

從熱衷轉向空間與無聊的人生

在我成立軟木塞之後，一直熱衷於工作，從早到晚行程都滿檔，也就是說我的日曆被要「做」的事排滿滿。要做的事情堆積如山，就沒有空閒感覺不安。

我之所以會搬到福岡，是因為想減少要「做」的事，在大城市裡要做的事太多了。為了可以成為「把未知的可能原封不動傳達出來」的編輯，我必須讓自己習慣觀察「存在」才行。如果沒有空出閒暇無聊的時間，就無法開始觀察。過去的我一直在尋找能讓我熱衷投入的事，但現在卻為了確保空閒時間而努力。現在我才理解想具有真正的創造能力，需要的不是熱衷而是無聊的時間。在福岡的大自然當中，我的時間過得很無聊。

然後，和觀察對象一起度過無聊的時間所需要的不是忍耐力，而是愛。我在前面的篇章曾說過，創作需要觀察力，一流的創作者都具有傑出的觀察力。觀察熱愛的對象，把觀察到的事物表現在作品中。也就是說，創作者是把自己熱愛的東西，該怎麼去愛表現出來。具有觀察力的作品也是洋溢著愛的作品。

讓我們換個說法。

一流的創作者充滿著愛

寫到這裡，差不多該為這本書做個結尾了。透過這本書，我自己也對觀察力做了更深度的觀察，我在第一章寫到好的觀察會生出「問題與假設的無限循環」，而寫到現在，我的腦中產生「愛是什麼？該怎麼做才能在我的心中充滿對觀察對象的愛？」這個新的問題。在我四十歲以前，我不知道愛卻想要去愛人。從今以後的幾年，我應該會花時間好好思考「愛」，就像我在本書中思考「觀察」一樣吧。為了能夠理解「愛」，未來的我大概會花時間在思考「中間被動語態」[5]吧。

充斥著問題的人生真是有趣啊。

5 某些語言（比如梵語、冰島語和古希臘語）有中間語態。中間語態介於主動語態與被動語態之間，因為主語不能被歸類為主動者或被動者，但又有二者的元素。在英語中則為「表現得主動但表達被動行為的不及物動詞」，例如“The steak cooked in the oven”（牛排在烤箱中烹調），在語法上主動但在語義上被動，即屬於中間語態。

結語

這趟觀察之旅就帶領各位到這裡。在最後的最後，我想替自己找點藉口，聊聊自己對這本書的看法。

已經讀完全書的讀者大概會發現，這本書的用字遣詞並不穩定紮實，字詞的定義也有些曖昧模糊，而且不是第四象限，是屬於第一象限。

閱讀一些思想獨特的作品時，若是讀者自己的知識與作家的想法有共鳴，會覺得書中字詞的定義很紮實可靠，甚至會產生「這文章怎麼可以寫得如此準確細緻啊！」的感動。然而，如果讀者對閱讀了一段時間，還無法理解作者的想法時，就會覺得「讀起來不容易懂」「讀起來很辛苦」。這些作家的詞語在他們自己的世界觀中，雖然有明確定義，但是那些定義與現實世界約定俗成的定義並不相連，所以對讀者來說不好理解。作家的用詞沒有借助他人的力量，就像一個遊戲只由一個工程師單獨製作一樣，有時候會比較粗獷、難以接近。

藉由撰寫這本書，我才察覺到佛教、希臘哲學的深奧。我寫的題目，佛教與希臘哲學研究得更深又相當正確。若讀者們喜歡這個題目，不妨多參考這兩個領域的資訊，市面上也有很多好書（在撰寫此書時，這些參考書也提供我許多靈感）。不過。佛教與希臘哲學原有的用詞，以及研究者使用的詞語和現代生活會用到的詞語定義有點不同，因此我讀過的每本書都沒有「理解了」的感覺，雖然是將已經有的理論歸納整理的書籍，對我來說卻相當難以理解。

因此我想從自己的體驗出發，用我的做法來撰寫觀察到底是什麼。

我的身邊有許多一流創作者，藉由觀察他們的觀察力，也更讓我從不一樣的角度理解觀察。因為我做的假設是把問題無解的想法寫成文章，即使不懂的人應該也很容易讀下去。但是我的假設是否能在每個人生活中順利進行，我也不知道。編輯是創作者與社會的橋梁，我打算在這本書中，把過去與觀察有關的思想和現代社會聯繫起來，也可說是我身為編輯的一種嘗試吧。

老實說，在重複檢閱自己的原稿時，我猶豫了很多次，有些詞語的定義不夠縝密、書寫的方式也不穩定，我非常在意這些情形。作為一個編輯，就這樣出書好嗎？具體改善後再公諸於世會不會比較好？我問了自己好幾次。但是如同第五章所說，我認為完全「理解」的狀態並不存在，因此我逐漸領會如果拘泥在「理解」是沒意義的。未知、無法全盤理解，就某個角度來說，可能會認為這本書有點隨便。不過把這種不完全的狀態，毫無隱藏的呈現出來後，若有人覺得「是對於觀察很好的參考資料」，將是我的榮幸。雖然內容不夠完美，但我還是覺得能出書真好。

或許有人會覺得這本書對觀察的想法不夠縝密，仍留有些模糊的違和感。這是我身為作者的疏失，請務必將感想回饋給我，把你模糊不明確的感受原封不動的寫下來，我很想知道。蘇格拉底的「無知的知」，是承認在自己的知以外還存在有廣大未知的世界，這本書充滿了我的已知，寫這本書讓我能想像到外面的世界，然而唯有讀者的反應才能讓我更具體地察覺外面的世界。不論是 Twitter 還是部落格，如果能把你們的感想告訴我，我都會非常高興。

撰寫這本書時，我與克里希那穆提相遇，他的這句話浮現在我的腦海好幾次：「人如果不了解自己，便無法動手讓世界發生改變。如果你想更了解自己的內心，此時你的內在會立刻發生革命。」**我沒有打算在**

社會發起革命，但是卻試著發起內心的革命，觀察就是我革命的武器。

書就像是無法保證可以一定送達的信件，如果這本書能夠像信件那樣傳達到你心中，如果你和我是同一個時代的人，為了能夠品味相互影響、產生化學反應的喜悅，期待相見。如果是目標創作者或編輯的人，那就一起生產作品吧。如果對生產作品沒興趣的人，也歡迎在我主導的軟木塞實驗室社團一起討論。我認為生在同一個時代的喜悅是擁有共通的時間。

謝謝各位陪我到最後。在這麼多的書當中，很高興這本書能夠與你相遇，也感謝你花時間把它讀完。

靈感鍛鍊

高效學習＋海量輸出，創作者的觀察思考法
観察力の鍛え方

作者	佐渡島庸平
譯者	林潔珏
主編	周國渝
封面設計	Bianco Tsai
內頁設計	Decon Huang
行銷企劃	洪于茹

出版者	寫樂文化有限公司
創辦人	韓嵩齡、詹仁雄
發行人兼總編輯	韓嵩齡
發行業務	蕭星貞
發行地址	106 台北市大安區光復南路 202 號 10 樓之 5
電話	(02) 6617-5759
傳真	(02) 2772-2651
劃撥帳號	50281463
讀者服務信箱	soulerbook@gmail.com
總經銷	時報文化出版企業股份有限公司
公司地址	台北市和平西路三段 240 號 5 樓
電話	(02) 2306-6600

KANSATSURYOKU NO KITAEKATA
BY Yohei Sadoshima
Copyright © 2021 Yohei Sadoshima
Original Japanese edition published by SB Creative Corp.
All rights reserved
Chinese (in Traditional character only) translation copyright © 2023 by Souler Creative Corporation
Chinese (in Traditional character only) translation rights arranged with
SB Creative Corp., Tokyo through Bardon-Chinese Media Agency, Taipei.

國家圖書館出版品
預行編目（CIP）資料

靈感鍛鍊 / 佐渡島庸平著 ; 林潔珏譯 . -- 第一版 . -- 臺北市 : 寫樂文化有限公司 , 2023.05　面 ;　公分 . -- (我的檔案夾 ; 68)
ISBN 978-626-96881-4-2(平裝)

1.CST: 創造力 2.CST: 創造性思考

176.4　　112005850

第一版第一刷 2023 年 5 月 16 日
ISBN 978-626-96881-4-2

版權所有 翻印必究
裝訂錯誤或破損的書，請寄回更換
All rights reserved.